ଅଧା ଅଧା ନକ୍ଷତ୍ର

କର୍ଣ୍ଣାଟକର ଏନ୍.ଏନ୍.ଥିରୁମଲାମ୍ବା ଜାତୀୟ ପୁରସ୍କାର ପ୍ରାପ୍ତ କବିତା ସଂକଳନ

ଅଧା ଅଧା ନକ୍ଷତ୍ର

ପ୍ରତିଭା ଶତପଥୀ

ବ୍ଲାକ୍ ଇଗଲ୍ ବୁକ୍ସ
ଭୁବନେଶ୍ୱର, ଓଡ଼ିଶା

BLACK EAGLE BOOKS
Dublin, USA

ଅଧା ଅଧା ନକ୍ଷତ୍ର / ପ୍ରତିଭା ଶତପଥୀ

ବ୍ଲାକ୍ ଇଗଲ୍ ବୁକ୍ସ : ଭୁବନେଶ୍ୱର, ଓଡ଼ିଶା ● ଡବ୍ଲିନ୍, ଯୁକ୍ତରାଷ୍ଟ୍ର ଆମେରିକା

BLACK EAGLE BOOKS

USA address:
7464 Wisdom Lane
Dublin, OH 43016

India address:
E/312, Trident Galaxy, Kalinga Nagar,
Bhubaneswar-751003, Odisha, India

E-mail: info@blackeaglebooks.org
Website: www.blackeaglebooks.org

First edition published in 2001

First International Edition Published by
BLACK EAGLE BOOKS, 2023

ADHA ADHA NAKSHATRA
by **Pratibha Satpathy**

Copyright © **Pratibha Satpathy**

All rights reserved. No part of this publication may be reproduced, stored in a retrieval system, or transmitted, in any form or by any means, electronic, mechanical, photocopying, recording or otherwise without the prior permission of the publisher.

Cover & Interior Design: Ezy's Publication

ISBN- 978-1-64560-484-6 (Paperback)

Printed in the United States of America

ଅଧା ଅଧା ନକ୍ଷତ୍ର

ତୋ' ପାଇଁ
ବୋଉ,
ସବୁ ମାଆ ବୋଧେ ଦିନେ ଏମିତି ଏକୁଟିଆ
ହେଇଯାଆନ୍ତି । ସେଇ ଏକୁଟିଆପଣରୁ କାଳେ ବର୍ତ୍ତିଯିବି
ବୋଲି ଶବ୍ଦର ଏଇ ଅଧାଗୁନ୍ଥା ମାଳଟିକୁ ତୋର
ପୁଣ୍ୟସ୍ମୃତିଠାରେ ସମର୍ପି ଦେଉଚି ।

ପ୍ରତି

ଆନ୍ତରିକ ଶ୍ରଦ୍ଧା ଓ ଶୁଭେଚ୍ଛା ଓ ଧନ୍ୟବାଦ
କବି, ଅନୁବାଦକ, ସଂପାଦକ, ପ୍ରକାଶକ
ସତ୍ୟ ପଟ୍ଟନାୟକଙ୍କୁ -

ଯାହାଙ୍କର ଅନ୍ତରଂଗ ଆଗ୍ରହ
ବ୍ୟତୀତ ଏ ପୁସ୍ତକର ପ୍ରକାଶନ
ସମ୍ଭବ ହୋଇ ନଥାନ୍ତା ।

- ପ୍ରତିଭା ଶତପଥୀ

ନକ୍ଷତ୍ରର ସ୍ୱପ୍ନ

ନକ୍ଷତ୍ରର ସ୍ୱପ୍ନ ଗୋପ୍ୟ ରହିଥାଏ-ଚିରକାଳ କବିଟିଏ ନକ୍ଷତ୍ରଠାରେ ସମାବିଷ୍ଟ ହେବାକୁ ବ୍ୟଗ୍ର। କିନ୍ତୁ ନକ୍ଷତ୍ର ସତ୍ୟହେଲେ ଧୂଳିକଣା ବି ସତ୍ୟ। ଏପରିକି ନକ୍ଷତ୍ର ଯେତିକି ସତ୍ୟ, ଧୂଳିକଣା ସେତିକି ସତ୍ୟ। ନକ୍ଷତ୍ର ଚାହେଁ ଧୂଳିକଣା ହେଇ ବିଛେଇଯିବାକୁ, ହାଲୁକା ଉଡ୍‌ଡ୍ଡୀୟମାନ ହେବାକୁ। ଧୂଳିକଣା ଚାହେଁ ବିପୁଳାକାର ନକ୍ଷତ୍ରର ଜ୍ୟୋତିରେ ଝଲମଲ୍ କରିବାକୁ। ଏହାରି ଭିତରେ କବିଟିର ସ୍ୱପ୍ନ ପ୍ରକାଶ ଲୋଡ଼େ। କି ବିଡ଼ମ୍ବନା ! କାହିଁ ଧୂଳିକଣା ଆଉ କାହିଁ ନକ୍ଷତ୍ର ! କ୍ଷଣଭଙ୍ଗୁରତା ସହ କ'ଣ ତୁଳନୀୟ ହେଇପାରିବ ଅନଶ୍ୱର ? ଯୋଡ଼ିଦେଇହେବ ନକ୍ଷତ୍ର ସହ ମଣିଷକୁ ? ଅଥଚ ଭଙ୍ଗୁରତା ନ ଥିଲେ ଅନଶ୍ୱର ବା ସମ୍ଭବ ହେବ କିପରି ? କଣାଏ କାକର ଭିତରକୁ ସୂର୍ଯ୍ୟର ପ୍ରତିବିମ୍ବ ଓହ୍ଲେଇ ଆସିବା ଯେଉଁପରି ସତ୍ୟ, ସେହିପରି ବି ସତ୍ୟ ଧୂଳିଧୂସର ମଣିଷ ନକ୍ଷତ୍ରକୁ ମୁଠାଇଧରିବା - ତାକୁ ପୁଣି ଅଧା ଅଧା ଭାଗ କରିବା ସେହିପରି ସତ୍ୟ - ଆପେକ୍ଷିକ ସତ୍ୟ।

ଅଥଚ ପରସ୍ପରର ବିନିମୟ ହେବ କେଉଁ ଉପାୟରେ ? ଗୋଟିଏ ଅପରକୁ ଛୁଇଁବ ବା କେଉଁପରି ? ସେହି ଛୁଇଁବାର ରାହାକୁ ସାରା ଜୀବନ ଖୋଜିହୁଏ କବିଟିଏ, ଧୁନ୍ଦାଳେ, ଉଠାଏ ପକାଏ, ଛଟପଟ ହୁଏ। ଏକୁଟିଆରେ କାନ୍ଦେ, ନିଜକୁ ଧିକ୍‌କାରେ, ଆକାଶର ବଡ଼ପଣକୁ ପ୍ରଶ୍ନରେ ଥରହରକରେ, ଧୂଳିକଣାରେ ଢାଳିଦିଏ ସୁଗନ୍ଧ।

ଶେଷପର୍ଯ୍ୟନ୍ତ କବି ଜାଣେ- ଏ ସ୍ୱପ୍ନ ଅପୂର୍ଣ୍ଣ ରହିଯିବ, ସାକାର ହୋଇପାରିବ ନାହିଁ। କାରଣ ପୂର୍ଣ୍ଣତାର ଅହଂକାରକୁ ଧରିରଖିବାକୁ ସତ୍ତା ତା'ର ସମର୍ଥ ହୋଇନାହିଁ ଏଯାଏଁ। ପୂର୍ଣ୍ଣତା କ'ଣ ସତରେ ଗୋଟେ ପ୍ରକାର ଅହଂକାର ? ନା, ଅହଂକାର ନୁହେଁ - ବରଂ ଖଣ୍ଡିତତା ପୂର୍ଣ୍ଣତାର ଏକ ଅନିବାର୍ଯ୍ୟ ପରିଚୟ। ଯଦି ଖଣ୍ଡିତତା ନାହିଁ ପୂର୍ଣ୍ଣତା ବି ନାହିଁ। ଅନ୍ଧାର ନ ଥିଲେ ଆଲୋକ ନଥିଲାପରି ଠିକ୍। ମଣିଷ ଖଣ୍ଡ ଖଣ୍ଡ କରି,

ଭାଗଭାଗ କରି ଦେଖେ, ଚାଖେ, ଓ ବଞ୍ଚେ। ବୋଧହୁଏ ସେ ପୂର୍ଣ୍ଣତାଠାରେ ପହଞ୍ଚେ ଓ ବିଚ୍ୟୁତ ହୁଏ, ଭାଙ୍ଗିଯାଏ। ପୂର୍ଣ୍ଣତାଠାରେ ଅବସ୍ଥାନ କରିପାରେ ନାହିଁ; ଭାଙ୍ଗିଯାଏ ଓ ସେହି ଭାଙ୍ଗିଯିବା ମଧ୍ୟରେ ପୂର୍ଣ୍ଣତାର ଏକ କଳ୍ପିତ ଆସ୍ୱାଦ ପାଇ କୃତକୃତ୍ୟ ହୋଇଯିବା ତା'ର ଭାଗ୍ୟ। ତଥାପି ପୂର୍ଣ୍ଣତା ପ୍ରାପ୍ତି ନିମନ୍ତେ ତା'ର ଅଭୀପ୍ସା ଅନିବାର୍ଯ୍ୟ। ଅର୍ଦ୍ଧେକ ତା'ର ପ୍ରାପ୍ୟ, ଅବଶିଷ୍ଟ ଅର୍ଦ୍ଧେକ ପାଇଁ ତା'ର ସକଳ ପ୍ରକାର ଅନୁସନ୍ଧିତ୍ସା, ଆବିଷ୍କାରର ଆଗ୍ରହ, ତା'ର ସକଳ ସୂକ୍ଷ୍ମ ଉପଲବ୍ଧିର ସର୍ବଶେଷ ଅର୍ଥନ୍ୟାସ। କାରଣ ସେ ଖୋଜିବାରୁ ନିବୃତ୍ତ ହୋଇପାରେନା।

ନକ୍ଷତ୍ର କ'ଣ କେବଳ ଅନ୍ତରୀକ୍ଷରେ ରହିଥାଏ ? ଧରାବତରଣ ନାହିଁ ତା'ର ? ତେବେ ମଣିଷ ସହ ତା'ର ପରିଚୟ କେବଳ ସୁଦୂରର ଏକ ଆଲୋକରଶ୍ମି ରୂପରେ ? ନାକ୍ଷତ୍ରିକ ଅନନ୍ତ ମଣିଷ ପାଇଁ ନାସ୍ତି ହୋଇଛି ? ବ୍ୟକ୍ତି ମଣିଷର ସମୟାତୀତକୁ ସ୍ୱୀକାର କଲେ, ନକ୍ଷତ୍ର ସହ ତା'ର ନିବିଡ଼ତ୍ୱକୁ ଅବଶ୍ୟ ସ୍ୱୀକାର କରିହୁଏ, ବୁଝିହୁଏ।

ସେ ଯୋଗୀ ନୁହେଁ, ସେ କବି। ପୂର୍ଣ୍ଣତା ନୁହେଁ, ଖଣ୍ଡିତତା ତା'ର ପ୍ରାପ୍ୟ। ଚେତନାକୁ ଚାରିଆଡୁ ଛଡ଼ାଇ ଆଣି ଯେତେ ଠୁଳୀଭୂତ କଲେ ବି, ଏକାଗ୍ର କଲେ ବି, ସଂସାରର ନଗ୍ନବାସ୍ତବତାର ତୀର ବାଜି ତାହା ଖଣ୍ଡବିଖଣ୍ଡ ହୋଇଯାଏ। ଭଗ୍ନାଂଶ ସବୁକୁ ସ୍ୱପ୍ନ ଓ କଳ୍ପନାର, ଆବେଗ ଓ ପ୍ରଜ୍ଞାର ଅଠାରେ ଯୋଡ଼ାଯୋଡ଼ି ଚାଲିଲେ ବି ଅର୍ଦ୍ଧେକ ମାତ୍ର ତିଆରି ହୋଇପାରେ - ପୂରା ହୋଇପାରେନାହିଁ। କବି ସେଇ ଅର୍ଦ୍ଧେକ ନେଇ ବଞ୍ଚେ। ଅପରାର୍ଦ୍ଧ ପାଇଁ ଅହରହ ବ୍ୟାକୁଳ ହେଉଥାଏ, ମାତ୍ର ଅପରାର୍ଦ୍ଧ ତାହା ନିମନ୍ତେ ଅପ୍ରାପ୍ୟ।

ଅନ୍ୟ ଅର୍ଥରେ, ଯଦିବା ମଣିଷ ନକ୍ଷତ୍ରର ସମସ୍ପର୍ଦ୍ଧୀ ହୋଇପାରେ, ତଥାପି ଘୃଣା, ପ୍ରତାରଣା, ହିଂସା, ଧୂର୍ତ୍ତତା, ଈର୍ଷାରେ ଗୋଳି ହୋଇଥିବା ମଣିଷ ଅନନ୍ତଯୌବନା ଉଜ୍ଜ୍ୱଳତାକୁ ସଂପୂର୍ଣ୍ଣତଃ ଆପଣାର କରିପାରିବ ନାହିଁ। ମଣିଷର ନ୍ୟୂନତା ନକ୍ଷତ୍ରର ଉଜ୍ଜ୍ୱଳତାର ଅର୍ଦ୍ଧେକକୁ ଧୂସର କରିପକାଇବ ନିଶ୍ଚୟ। ତେଣୁ ଅବଶିଷ୍ଟ ଅର୍ଦ୍ଧେକକୁ ନେଇ ମଣିଷର ସ୍ଥିତି - ତା'ର ସୁଖ, ଆନନ୍ଦ, ଆଶା ଓ ବିହ୍ୱଳତା। ମଣିଷର ସ୍ୱପ୍ନ ଭିତରେ ବଞ୍ଚିରହିବାକୁ ନକ୍ଷତ୍ରର ବି କମ୍ ଲୋଭ ନୁହେଁ! ସେ ରହିପାରେନା ଚିରନ୍ତନତାର କ୍ଳାନ୍ତି ଭିତରେ ଝଲମଲ ହେଇ - ପୃଥିବୀର ନିବିଡ଼ତା, ସଂପ୍ରୀତି ନିକଟରେ ବାନ୍ଧିହୋଇପଡ଼େ ସେ। ତେଣୁ ନକ୍ଷତ୍ରର ଅର୍ଦ୍ଧେକ ଥାଏ ମାଟିରେ, ପୃଥିବୀରେ, ମଣିଷର ବାହୁବେଷ୍ଟନୀରେ, ଧରାପଡ଼ିଯାଏ ମଣିଷର ସ୍ୱପ୍ନରେ, କଳ୍ପନାରେ ଓ ଆଶାବାଦର ଊର୍ଣ୍ଣାରେ।

ସେଇଥିପାଇଁ ପୂର୍ଣ୍ଣତାର ସମ୍ଭାବନା ନିମିତ୍ତ ମଣିଷର ଉନ୍ମୁଖତା ମିଥ୍ୟା ନୁହେଁ।

ମିଥ୍ୟା ନୁହେଁ ବି ମଣିଷଟିଏ ନକ୍ଷତ୍ର ପାଲଟିଯିବା – ତା'ର ଅର୍ଦ୍ଧେକ ଆକାଶରେ ଅପରାର୍ଦ୍ଧ ମାଟିର ପୃଷ୍ଠଭୂମିରେ ଜଡ଼ିତ ରହିବା ।

ସେମିତି ଦିନେ ନକ୍ଷତ୍ରର ସ୍ୱପ୍ନକୁ ବାଣ୍ଟିଦେଇଥିଲି ମୁଁ ସମମର୍ମୀ ମଣିଷଙ୍କ ଭିତରେ । ନିପଟ ସଂସାରୀ ମଣିଷଟି ହୁଏତ ପରିହାସର ପଥର ଫିଙ୍ଗିଥିଲା, ରକ୍ତ ବୁହାଇଥିଲା ମୋଠାରୁ । ନକ୍ଷତ୍ର କାହିଁ ? ଏମିତି ଥଣ୍ଡାରେ, ଧୂଳିରେ, ଅନ୍ଧାରରେ ଅଣ୍ଡାଳି ହେଇ ଦିନକାଟିବା ତ ଆମର ନିୟତି । ନକ୍ଷତ୍ର କେବେ ଉଡ଼ିଆସିବ ସାମ୍ନାକୁ ? ଯଦିବା କେବେ ଉଡ଼ିଆସେ, ଆମେ ତାକୁ ସାମ୍ନା କରିପାରିବା ତ ? ଜଳିଯିବା ନାହିଁ ? ଜଳିଯିବାର ଥିଲେ ବି ନକ୍ଷତ୍ରକୁ ସାମ୍ନା କରିବାକୁ କବି ସ୍ୱପ୍ନ ଦେଖେ । ସେହି ସ୍ୱପ୍ନ ଭିତରେ ଏକ ନିହିତ ଶକ୍ତିର କଳ୍ପନା କରେ ସେ – ଯାହା ନକ୍ଷତ୍ର ସହ ସମସ୍ପର୍ଦ୍ଧୀ ।

ସେହି ଶକ୍ତି ବଳରେ ସେ ଭଙ୍ଗା ଦର୍ପଣକୁ ଯୋଡ଼େ, କଂକ୍ରିଟ୍‌ର ଜଙ୍ଗଲ ଭିତରେ ତାରାଟିଏ ପୋତିବାକୁ ମାଟି ଆଂଜୁଳେ ଖୋଜିବୁଲେ, ଅଥଚ ଆବେଗର ଉଜାଣିରେ ଚେତନାର ଡଙ୍ଗାଟିକୁ ବାହିନିଏ, ଛଳଛଦ୍ମ ଭିତରେ ହୃଦୟବତ୍ତାକୁ ଚିହ୍ନିନିଏ । ମୁଠାଏ ଧୂଳି ଭିତରେ ଜାବୁଡ଼ି ଧରେ ନକ୍ଷତ୍ରର ଭଗ୍ନାଂଶକୁ ।

ଯଦି କେବେ କେଉଁଠି ମୋର କବିତାର ଧ୍ୱନି ଭିତରେ ଫୁଟିଉଠିଛି ନକ୍ଷତ୍ରଟିଏ, ପାଠକେ – ତାକୁ କେବଳ ଆକାଶର ତାରା ବୋଲି ଗ୍ରହଣକରି ନ ନେବାକୁ ମୋର ଅନୁରୋଧ । ସେ ବରଂ ମଣିଷର ଅମରତ୍ୱର ଏକ ଅନ୍ୟରୂପ, ତା'ର ଦୁଃସାହସୀ ସ୍ୱପ୍ନ, ଅସାଧାରଣ କଳ୍ପନା ଓ ତୁଙ୍ଗ ଏକ ଅଭିଳାଷ । ନହେଲେ ବା ଅନଶ୍ୱର ଭଲପାଇବାର ପ୍ରତୀକଟିଏ । ପ୍ରଚଣ୍ଡ ବସ୍ତୁବାଦର ଘୂର୍ଣ୍ଣି ଭିତରେ, ଅନ୍ଧାରର ଖଳଖଳ ପ୍ରବାହ ତଳେ ମଣିଷର ଚାଖଣ୍ଡେ ଛାତି ଭିତରେ ତା'ର ଉଦଯୋତ୍ସବ – ଅସ୍ଥିର ସମୟର ପ୍ରପାତ ଉପରେ ସେ ଏକ ସ୍ଥିରଚେତନାର ଇନ୍ଦ୍ରଧନୁ – ଯେତିକି ମନୋରମ ସେତିକି ବିସ୍ମୟକର । ତା'ର ପୂର୍ଣ୍ଣ ଆଧାର ହେବାପାଇଁ ମଣିଷର ପରିଚୟ ଯଥେଷ୍ଟ ନୁହେଁ । ମଣିଷ ହ୍ରସ୍ୱ, ତେଣୁ ସେ ଅର୍ଦ୍ଧେକର ଆଧାର ମାତ୍ର ।

ସେଥିପାଇଁ ସାଧାରଣ ଜୀବନଟିଏ ବଞ୍ଚୁଥିବା କବିର ସ୍ୱପ୍ନ ଅଧା ରହିବା ଅବଧାରିତ । ତଥାପି ସ୍ୱପ୍ନ ବରଂ ଅଧା ରହୁ, ବିଡ଼ମ୍ବିତ ନ ହେଉ ।

– ପ୍ରତିଭା ଶତପଥୀ

ବିନ୍ୟାସକ୍ରମ

ବଂଚି ରହିଚି ବୋଲି	୧୩
କେତେ କ'ଣ କରିବାକୁ ହୁଏ	୧୫
ପାଗଳୀ	୧୮
ଅକୁହାକଥା	୨୦
ପ୍ରତୀକବୋଧ	୨୩
ଖାସ୍ କଥା ନୁହେଁ	୨୫
ନଶ୍ୱରତାର ଭୟରେ...	୨୭
ଗୋଟିଏ ଆକୁଳ ଡାକ	୩୦
କାଳିମା	୩୩
ନୂଆକଥା	୩୫
ସ୍ୱର	୩୮
ଧୂଳିର ଫାଶ	୪୧
ଉଦୟାସ୍ତ	୪୩
ଦେଇପାରନ୍ତି ଯଦି	୪୫
ମଝି ରାତିରେ...	୪୭
ଥିବା ନଥିବା	୫୦
ପ୍ରହସନ	୫୩
ସଜେଇଦିଅ	୫୫
କିଛି ନଥିଲା	୫୮
କିଆ ଫୁଟିଚି	୬୦
ମୁକୁଟ	୬୨
କିଏ କହିବ ?	୬୫

ରୁଷିବସନା	୬୮
ହାରିଯାଅ ନାହିଁ	୭୧
ଅନ୍ଧାର ସବୁକିଛି ନୁହେଁ	୭୩
ସ୍ୱପ୍ନ ସରିନି ଏଯାଏଁ	୭୫
ନିଆଁ	୭୮
ଅଧା ଅଧା ନକ୍ଷତ୍ର	୮୦
ତୁମେ ଅଛ	୮୩
ଥରକୁ ଥର ପାଏ	୮୫
ଉଙ୍କିବାର ବେଳ	୮୭
ଆଙ୍ଗୁଳେ ମାଟି	୮୯
ଦେବୀ	୯୨
ସୁନ୍ଦରତା	୯୪
ମୋ ଝିଅ	୯୬
ପରମ ମାୟାର ଭୂମି	୯୮
ସହିଦ	୧୦୧
ସହି ନପାରେ ଯଦି	୧୦୪
କେହି ନା କେହି ଆସେ	୧୦୭
ସ୍ୱପ୍ନ ସଂସ୍ଥାନ	୧୦୯
ସତ ବି, ସ୍ୱପ୍ନ ବି	୧୧୨
ନାଆଁ	୧୧୪
ସୀମା ଲଙ୍ଘନ ନୁହଁ...	୧୧୬
ସୁବୃହତ୍ ଅଭିମାନ	୧୧୮
ମହାକାବ୍ୟ	୧୨୦
ସେଇ ଧାଡ଼ିଟି...	୧୨୨
ପରୀ ସାଙ୍ଗେ ଦିନେ -	୧୨୫

ବଂଚି ରହିଚି ବୋଲି

ତୋଠିଁ ନିଘା ରଖିନି ବୋଲି
ମତେ ମାଫ୍ କରିଦେ' ପୃଥ୍ୱୀ,
ବାରବାର
ବାଟ ହୁଡ଼ିଛି ମୋର ଅହଂକାର
ଠିକଣା ନ ଜାଣି
ସାରାଦିନ ଖୋଜିବୁଲିଚି ଘର।

ଘୋର ବର୍ଷାରେ ତିନ୍ତୁଥିବା
ଥରୁଥିବା ମାଆର
ଫୁଙ୍ଗାଛାତିରେ ମୁଣ୍ଡ ଗୁଂଜି
କେବେ ଶୋଇପଡ଼ିଚି ନିଶ୍ଚିନ୍ତ
ନଖ ମାରିଚି ନିଜ କ୍ଷତରେ କେବେ ତ
ବୁଡ଼ିଯାଇଚି ରକ୍ତ।

ତୁ ସୂର୍ଯ୍ୟାଲୋକ ଖିଏ, ନା
ମତେ ଖୋଜି ଆସିଥିବା ନିବିଡ଼ତା
ଖସିପଡ଼ିଚୁ ମୋ ବିଛଣାରେ
ତୋ'ର ଯାଏ ଆସେ କ'ଣ
ମୁଁ ତୋତେ କୋଳକଲେ ନକଲେ ?

ବରାବର ବାହାନା କରି
ତୋତେ ଆଡ଼େଇ ଯାଉଚି, ସତ୍ୟ,

ଦୋଷ ଧରନା ମୋର
କି ନିର୍ଲଜ୍ଜ ଏ ଉଚ୍ଚାରଣ, ଦେଖ୍‌ତ,
ଯେବେ ଦାଢ଼ ପଡ଼ିଯାଉଚି ଶବ୍ଦର !
କେତେ ଦୟନୀୟ ଯେ ମଣିଷପଣ
ଯଦି ଦେଇଦବାକୁ
କିଛି ବି ନାହିଁ ହାତରେ,
ମୋ ମ୍ଳାନ ମୁହଁକୁ କ୍ଷମାକର, ଘାସଫୁଲ,
ହସିବାପାଇଁ ଯେ
କାରଣ ଲୋଡ଼ା ହୁଏ ମୋର ।

ତୋତେ ସାଇତି ପାରିନି ବୋଲି
ମତେ ଭୁଲ୍ ବୁଝନା, ସଂସାର,
ଅସ୍ତକାଳର ଖରା
ମୂର୍ଖତାକୁ ସହିଯା'
ସ୍ୱପ୍ନକୁ ସହିଯା' ମୋର ।

ସଚରାଚର କ୍ଷୁଧା,
କ୍ଷମାକର ମୋର ସହଜ ଭାତଥାଳିକି
ହୃଦୟହୀନତାର ନିଃଶ୍ୱାସ,
ଗରଜ ଅଛି ବୁଝିବୁ
ମୁଁ କେମିତି ବଂଚିରହିଚି !

କେତେ କ'ଣ କରିବାକୁ ହୁଏ

ଫେରିଯିବାକୁ ହୁଏ ବାରବାର
ଅଦ୍ଭୁତ ସ୍ମୃତିରଶ୍ମିର ରୈଖିକ ଗତିରେ
ଛୁଇଁବାକୁ ହୁଏ
ମୋ ଗଳାରେ ଏକଦା ଝୁଲୁଥିବା
ଲକ୍ଷେକୋଟି ବର୍ଷାବୁନ୍ଦାରେ ଗୁନ୍ଥା ମାଳକୁ

ତୀବ୍ରତର ଚୁମ୍ବନ ବିନିମୟ କାଳରେ
ମୋ ଦନ୍ତାଗ୍ରରେ ଛିଡ଼ିଥିବା
କେଶର ଲହରକୁ
ପରଖିବାକୁ ହୁଏ
ଦେଇଥିବା, ଦେଇନପାରିଥିବା
ରଖୁଥିବା, ରଖିପାରିନଥିବା
ସକାଳ ପ୍ରତିଶ୍ରୁତିକୁ

ମୁଁ ଯେ
କେବଳ ବର୍ତ୍ତମାନ ନୁହେଁ
ଗୋଟି ଗୋଟି ମୁହୂର୍ତ୍ତ ବ୍ୟବଧାନରେ
ସୁସଜ୍ଜିତ ମହାନ୍ ଅତୀତ
ଅସାଧାରଣ ଚିରକାଳ ଅଥଚ।

ଉଙ୍କି ମାରୁମାରୁ
ଆଖି ଅଟକିରହେ

ମୁମୂର୍ଷୁ ମାଆର
ଧଳାକାଗଜ ସମାନ ମୁହଁଟିରେ
ଉନ୍ମୁକ୍ତ ଜଘନପରି
'କୁଆଖାଇ'ର ଜଳବେଣୀକୁ
ଚିରିପକାଇବାକୁ ହୁଏ ନଖରେ
ଆଂଜୁଳାଏ ଆକ୍ରୋଶକୁ
ଫିଙ୍ଗିଦବାକୁ ପଡ଼େ
ପଥରପରି ନିଶ୍ଚଳ ଅଭିମାନ ଉପରକୁ,
ସାମ୍ନା କରିବାକୁ ହୁଏ
ବହୁବିଧ ଯନ୍ତ୍ରଣାର ମୁହଁକୁ,
କେତୋଟି ତାରାଙ୍କୁ ତୋଳି
ସାଜିଦବାକୁ ହୁଏ କବରୀ
ଅନିର୍ଦ୍ଦିଷ୍ଟ ସୁଖ ମନାସି
ମୁଣ୍ଡ କୋଡୁଥିବା ସୁନ୍ଦରୀର।

ଡାକି ଆଣିବାକୁ ହୁଏ
ନିହାତି ଅସଂପୃକ୍ତଭାବେ
ଅଳ୍ପ ଦୂରରେ ଚାଲୁଥିବା ଅଭିଳାଷର
ହାତ ଧରି।

ମହାପୁରୁଷଙ୍କ ରକ୍ତଧାର
ଛୁରୀଭଳି ଗଳିଗଲାବେଳେ ଚେତନାରେ
ନିର୍ବେଦତାକୁ
ଜଡ଼େଇ ଧରିବାକୁ ହୁଏ ଛାତିରେ।

କେତେ କ'ଣ କରିବାକୁ ହୁଏ
ଖାଲି ଜାଗାମାନଙ୍କରେ
ଖଂଜିଦେବାକୁ ହୁଏ ବତୀଗୁଡ଼ିଏ
ଗୋଟିଏ ଅନ୍ଧାରର ତ

ଆଉ ଗୋଟିଏ ଆଲୁଅର,
ଦୂର ଅରଣ୍ୟର ସୀମାଯାଏଁ
ଚନ୍ଦ୍ରବୁଡ଼ିବାର ପ୍ରହରଯାଏଁ
ଚାଲିବାକୁ ହୁଏ...
ଫେରିବାକୁ ହୁଏ ବାରବାର
ପୁଣି ଆଗେଇବାକୁ ହୁଏ
ଫେରିବାକୁ ହୁଏ ପୁଣି...।

ପାଗଳୀ

ସକାଳୁ ସକାଳୁ
ବାଲିଗରଡ଼ାଟେ ଖସିପଡ଼ିଲା ମୁଠାରୁ
ଇଡ଼ିଗଲା ଚନ୍ଦ୍ରକିରଣ ମାଟିରେ
ସେତିକିବେଳୁ ପାଗଳୀ
ମୁହଁ ଶୁଖାଇ ଖାଲି ହାତରେ-

ନିଃଶ୍ୱାସକୁ ଫିଙ୍ଗିଦଉଚି ମୁଠାମୁଠା
ବାଲିପରି, କର୍ପୂରପରି, ଅବଶୋଷପରି
ନିଃଶ୍ୱାସର ପଦପାତରେ ଯେ
ନିଦଭାଙ୍ଗେନା ରାଜାଙ୍କର
ଥରିଉଠେନା ମହଲ
ଏଥିରେ କିଛି ଯାଏ ଆସେନା ତା'ର।

ଏମିତି ଗୋଟିଏ ହୃଦୟ ତା'ର ଯେ
ଆଘାତ ଲାଗିଲେ, କ୍ଷତ ଫୁଟିଲେ
ରକ୍ତ ଝରେନା,
ଏମିତି ଗୋଟିଏ ନାଭି ତା'ର ଯେ
କେନ୍ଦ୍ରବିନ୍ଦୁ ହୋଇଯାଏ
କୁରାଳଚକ୍ରର
ଅଥଚ ମାଟି ହିଁ ମାଟି ରହିଯାଏ ସେଇଠି
ଗଢ଼ିହୁଏନା କଳସୀ।

ଏମିତି ଗୋଟେ ସ୍ୱପ୍ନ ତା'ର ଯେ
ଗୋଧୂଳିର ଆଖିପତାରେ ଚଢ଼ି ଆସେ
ପୁଣି ଚନ୍ଦ୍ରକିରଣ ସାଥିରେ ଓହ୍ଲେଇଯାଏ
ସେ ସ୍ୱପ୍ନଦାଢ଼ରେ
ଢଳଢଳ କାକର
ଆଉ ଟିକକୁ ନଥାଏ।

କୋଉ ଶତାବ୍ଦୀର ଗୀତଗାଏ ପାଗଳୀ
ପୃଥ୍ୱୀ ସାଂଗେ ସମ୍ବନ୍ଧ ଯୋଡ଼େ
ହିସାବୀ ପବନ
କାନପାଖେ ମନ୍ତ୍ର ପଢ଼ିଲେ
କାନକୁ ବୁଜି ଧରେ -

ପାଗଳୀକୁ କ'ଣ ବୁଝେଇବ ବୁଝାଅ -
ତା'ର ତ ମାଟି ବଲବଲ ଦିହ ମୁହଁ
କଳସୀଟେ ଗଢ଼ି ଥୁଅନ୍ତା ବୋଲି
ବଡ଼ ଓରମାନ୍ ତା'ର

ଏଇ ମପାଚୁପା
ଦେଖାଣିଆ ହସକାନ୍ଦର ଦୁନିଆରେ
ପାଗଳୀ କିନ୍ତୁ
ମନଖୋଲି କାନ୍ଦିପାରେ
ପୁଣି ହସେ ବି ଖଲଖଲ
ମୁଠା ମୁଠା କେଶ ଟାଣେ ତ
ଝୁରିମରେ।

ଅକୁହା କଥା

ଖୁବ୍ ଭିତରେ
ପୃଥ୍ୱୀର ଛାତିତଳେ
ଦୁକ୍‌ଦୁକି ପାଖରେ
ଛଟପଟ ହଉଥାଏ କଥାପଦେ -

ଫିଟି ମୁକୁଳି ପାରେନା
ସ୍ଥାବର କେଉଁ ନିଷେଧରେ
ନା ନିଜସ୍ୱ କେଉଁ ଖିଆଲ୍‌ରେ ?

ଇଚ୍ଛା ହୁଏ ଖୁବ୍ ବଡ଼ପାଟିରେ
ମଝିରାସ୍ତାରେ
ଚିତ୍କାର କରି କହିଦିଅନ୍ତି ସେ ପଦକ
ହାଟ ଭିତରେ ବ୍ରହ୍ମଜ୍ଞାନ ମାନି
ମୌନ ରହେ ବରଂ ।

କହିହୁଏନା ବୋଲି ତୀବ୍ରତର ହୁଏ
ପ୍ରୟାସ
ବାକ୍‌ଯନ୍ତ୍ରର ତପସ୍ୟା
ଶାଣିତ ଆଶା
ଉଦ୍‌ଗ୍ରୀବ ଶ୍ରବଣଟିକୁ ଖୋଜି
ସରିଯାଏ ଇହକାଳ
କଥା ପଦକ ଘୂରିଆସେ

ସ୍ୱର୍ଗ ମର୍ତ୍ତ୍ୟ ପାତାଳ
ତାରାପରି ଖସିପଡ଼େ, ପଥର ପାଲଟିଯାଏ
ଟାକି ବସିଥାଏ
କେଉଁ ଶିଳ୍ପୀର ସ୍ୱପ୍ନକୁ
ଉସ୍‌କାଏ
ବନସ୍ପତିର ପ୍ରଶାଖାରେ ଗୋଡ଼ ଝୁଲେଇ ବସିଥିବା
ଖରାକୁ,
ମହୁଫେଣା ହେଇ ଲଟ୍‌କିପଡ଼େ କେବେ
ପାହାଡ଼ର କାନ୍ଧରେ
କିନ୍ନରୀଟିଏ ଯେମିତି
ନ ଯଯୌ ନ ତସ୍ଥୌ ଅସୁରଙ୍କ ମେଳରେ ।

ଥରେ ଥରେ ଅଧରାତି
ଉଠିବସେ ପୃଥ୍ୱୀ ଅଣ୍ଡାଳି ହୁଏ
କହିବବୋଲି ଆକାଶର କାନରେ
ପରାଙ୍ମୁଖ କଥାପଦକ ଝୁଣ୍ଟିପଡ଼େ
ଅଟକିଯାଏ ତଣ୍ଟିମୂଳେ ।
ହାର୍‌ମାନେ ପୃଥ୍ୱୀ, ରକ୍ତ ଝରେ ପଛକେ ।

କହିବ ହୁଏନା ବୋଲି
ଏତେ ଉଦାସ, ଏତେ ଉଲ୍ଲାସ
ନୀରବତା, ଚିତ୍କାର ଏତେ
ଏତେ ନିର୍ଜନ, ଏତେ ବଡ଼ପଣ
ଏତେ କ୍ରୋଧଗର୍ଜନ
ଅଦରକାରୀ ଶବ୍ଦ ଯେତକ
ପୁଣି କବିତାର ଉଦ୍ଦୀପନ
ସନ୍ତାପ ଅଭିଶାପ ଏତେ
ହାତଧରି ସାମିଲ ହେଇଥା'ନ୍ତି
ବିଫଳତାର ଉଦ୍ଦଣ୍ଡ ନାଚରେ ।

ତା'ର ଅକୁହାପଣ କ'ଣ ଜୀବନ ?
ସୃଷ୍ଟିର ସଂହାର ଯାଏ ତମାମ୍ କାଳ
ମୁକ୍ତି ନଥାଏ ତା'ର
ସତକୁସତ ସେ ଅକୁହାକଥା ପଦକ
କ'ଣ ମୁଁ ?
ଛଟପଟ ହଉଥାଏ ଅହୋରାତ୍ର
ଠିକ୍ ଦୁକ୍‌ଦୁକି ପାଖାପାଖି
ପୃଥିବୀର ?

ପ୍ରତୀକବୋଧ

ଶହଶହ ମାଠିଆ ଭାଙ୍ଗି ଫୋପାଡ଼ି
ଫୁଲାଫୁଲା ବାଳ ଛିଣ୍ଡେଇ
ଗର୍ଜି ମରୁଥିବା ବାୟାଣୀକୁ
ଡାକିଦେଲି- 'ବର୍ଷା'....

ରକ୍ତଜର୍ଜର ଗର୍ଭକକ୍ଷ ଭିତରୁ
ଟାଣିଆଣିଲି ନବଜାତକକୁ
'ସୂର୍ଯ୍ୟ' କହିଲି-

ଫୁଲକଷି ଲଦିହେଇଥିବା
ହଳଦୀଗଣ୍ଠି ଜହ୍ନିଲଟାକୁ
କୁଣ୍ଢେଇ ଧରିଲି
'ନବଯୌବନ' ବୋଲି

ଚାରିକାନ୍ଥର ସନ୍ଦିଗ୍ଧ ଆଶ୍ରୟତଳେ
ଛାଇ ଆଲୁଅରେ
ତେଲଲୁଣ ମାପୁ ମାପୁ
କପାଳରୁ ଝାଳ ପୋଛୁଥିବା
କ୍ଳାନ୍ତ ହାତଟିକୁ ଆଉଁସିଲି
'ଦାମ୍ପତ୍ୟ' ବୁଝିଲି -

ଏଥରକ ଭଲପାଇବା ବୋଲି
ଡାକି ଆଣିବି କାହାକୁ ?
ସୂର୍ଯ୍ୟ ଆଉ ପଦ୍ମକୁ
ନା ଚନ୍ଦ୍ର ଆଉ କୁମୁଦକୁ ?
ନା ଦୁସ୍ତର ଗହ୍ୱର ସେପଟେ
କଂପୁଥିବା ସେଇ
ଲୁତୁପୁତୁ ଲାଲ୍ ଜିନିଷକୁ ?

ଖାସ୍ କଥା ନୁହେଁ

ଯାହା ଯାହା କହିଚି
ଭୁଲିଯାଅ ।

ସେମିତି ଖାସ୍ କଥାତ
କହିନାହିଁ କିଛି ।

ମନେକର, ଜହ୍ନରାତିରେ
ଅନ୍ଧାଧୁନିଆଁ ଉଡୁଥିବା ଚଢ଼େଇର
ବାଉଳା କୁହୁରୁ
କୁହୁଡ଼ି ପୋଛି ଆଣିଲି ଯଦି,
କାନ୍ଦ୍ କାନ୍ଦ୍ ପବନ ମୁହଁ ଲଦିବ ବୋଲି
ବଢ଼େଇଦେଲି ମୋର କାନ୍ଧ, ମୋର ବାହୁ
ନାଇଁତ, ହଠାତ୍ ଗୁଲାଢ଼େଇଁ
ପାହୁଣ୍ଡେମାତ୍ର ମାଡ଼ିଆସିଥିବା ପାଦରେ
ଟାଣିଦେଲି ଅଲତାଗାରେ
କି ଅଜାଡ଼ିଦେଲି ଫୁଲ ଆଞ୍ଜୁଳେ
ଯା' ବୋଲି ନୂଆପଣ କିଛି
ସ୍ୱୀକୃତ ହୋଇଗଲା ସେଥିରେ ?

ଘୋର ବର୍ଷାରେ ତିନ୍ତିବୁଡ଼ି
ପିଣ୍ଡାକୁ ଉଠିଆସିଥିବା ବାଟୋଇପାଇଁ
ଦାଣ୍ଡକବାଟ ଫିଟାଇଦେଲି ବୋଲି,

ତାରାହେଇ ଜଳୁଥିବା ନିଭୁଥିବା
ଶବ୍ଦମାନଙ୍କ ମଝିରେ
କେତେଟା ଛକି ଶୂନ୍ ବସେଇଦେଲି ବୋଲି
କ'ଣ ଏମିତି ଗଢ଼ି ଥୋଇଦେଲି ସତରେ ?
ବିଜୁଳିର କ୍ଷଣସୁନ୍ଦର ନାଚରେ
ବ୍ରହ୍ମାଣ୍ଡ ତେଜିଉଠିଲା, ବାଜିଉଠିଲାବେଳେ
ଜୁଳୁଜୁଳିଆ ପୋକଙ୍କୁ ଆଞ୍ଜୁଳାରେ ଧରିଚି -
ଖଣ୍ଡ ଖଣ୍ଡ ହାତଗୋଡ଼
ନିଆଁଧୂଆଁର ଅଙ୍ଗାରମୟ ରତ୍ନ ପିଠିରେ
ଲୁହ ପୋଛିଚି ହୁଏତ
ଲହୁଲୁହାଣ ବନସ୍ପତିକୁ
ଆଉଁସିଛି ମୋର ଥରଥର ଆକୁଳ ହାତ,
ୟା' ବୋଲି
ବଂଚିଉଠ୍ ବୋଲି ଆଦେଶିଚି କାହାକୁ
ଫଳିଚି ମୋର କୌଣସି ସୁମନାସ ?

ସେଇଥିପାଇଁ ତ
ଭୁଲିଯାଅ କହୁଚି
କିଛି ନୁହଁ ସେସବୁ
ବ୍ୟସ୍ତ ବ୍ୟାକୁଳ
କେବେ କେମିତି କହିଦେଇଚି ଯାହା
ସତମିଛ ବାଛ ନାହିଁ ସେଥିରୁ ।

ନଶ୍ୱରତାର ଭୟରେ...

ତୁମ ଡ୍ରଇଂରୁମର ସେ ବିରାଟ ଭୂଚିତ୍ର
ତା'ର ଦୂରକୋଣରେ ଗଛଛାଇରେ
ବସିଥିବା ଲୋକଟି ଯେ ମୁଁ
ତୁମେ ଜାଣିପାର ?
ପ୍ରକୃତରେ ଭାରି ଅସ୍ପଷ୍ଟ
ଛାୟାଟେ ମାତ୍ର ।

ମୁଁ ବସିଥାଏ
ଆଖିକୁ ଛାଟିଦେଇଥାଏ ଶୂନ୍ୟକୁ
କାହାକୁ ଅନେଇଁଥାଏ ବୋଧେ
କାନେଇଁଥାଏ ମେଘଖଣ୍ଡକୁ
ନା ପବନପରି ସୂକ୍ଷ୍ମ
କାହାର ପଦପାତକୁ ?

ତୁମେ ଭୂଚିତ୍ରରେ ବୁଡ଼ିଯାଇଥିଲ ଥରେ
ଚିହ୍ନିପାରିନଥିଲ
ମୁଁ ବୋଧେ ମୁଁ ପରି ଦିଶୁନଥିଲି
ପାଣି ଉପରର ଅକ୍ଷର ପରି,
କେଶଖିଏର ଉପସ୍ଥିତି ପରି,
ଆମ ଦୁହିଁଙ୍କର
ଏକଦା ପରସ୍ପର ପ୍ରତି ଆକୁଳତା ପରି
ଉଡୁଥିଲି ବୁଡୁଥିଲି

ଚିହ୍ନି ହଉ ନଥିଲି ।
ଅଭିମାନ କି କ୍ରୋଧ କି ଅହଂକାର
ଜାଣେନା
କେଉଁ ଅସ୍ତ୍ର ହାତରୁ ଖସିପଡୁଥିଲା
ବାରମ୍ବାର,
ମୋ ଅନୁପସ୍ଥିତ ବାହୁରେ
ନାହିଁ ନ ଥିବା ରକ୍ତଧାର ।
ଏବେ ଦିନେ
ପଥରପରି ଉଦାସୀନତାରୁ
ଫିଟି ଆସିଲା ତୁମ ନାମ
ଶହଶହ ହଳଦୀବସନ୍ତ
ଉଡ଼ିଗଲେ ମୋ ଆଗରେ
କୁହରିଲେ
ମୁଁ ହାତ ବଢ଼ାଇଲି ନାହିଁ
ନଶ୍ୱରତାର ଭୟରେ ।

ତଥାପି
ଦିନେ ଦିନେ ରାତିଅଧରେ
ଅବାନ୍ତରତାରୁ ମୁକୁଳି
ମୁଁ ଡେଇଁପଡ଼େ
ଠିଆହୋଇଯାଏ
ନାହିଁ ନଥିବା ମୁଦ୍ରାରେ
ସେତେବେଳେ
ମିଛ ବୋଲି ନଥାଏ କିଛି
ନଥାଏ
ଲଜ୍ଜିତ ଇତିହାସର ଅକ୍ଷମଣୀୟତା
ସବୁକଣ୍ଠରୁ ଅପସରିଯାଇଥାଏ
କ୍ରୂରତାର ଉଚ୍ଚାରଣ
ହୃଦୟ ଲିଭାଇଥାଏ ଯେତେସବୁ ଅଭିସନ୍ଧି

ପୂର୍ବଠୁଁ ନିବିଡ଼ତାର ଭାବରେ
ନଇଁଆସେ ଆକାଶ
ମୋ ମୁହଁକୁ କାନ୍ଧକୁ ଆଖିପତା ଉପରକୁ
ମାଟିର ଛାତିକୁ -
ମୁଁ ତୁମକୁ ଖୋଜେ, ଡାକେ
ଡାକେ ସତ,
ଉତ୍ତର ଆସିବାଯାଏଁ ଅପେକ୍ଷା କରେନା
ଫେରିଯାଏ ଗୌଣତାକୁ
ମିଶିଯାଏ ପାଣିଚିଆ ରଙ୍ଗ ଭିତରେ
ନଶ୍ୱରତାର ଭୟରେ ।

■

ଗୋଟିଏ ଆକୁଳ ଡାକ

ତୁମେ ଡାକିଲ, ଡାକିଲ, ଡାକିଲ
ମୁଁ ଆସିଲି ନାହିଁ।

ସୂର୍ଯ୍ୟ ବୁଡ଼ିଲା ଉଠିଲା କେତେବାର
ପବନ ପତ୍ରଙ୍କୁ ଥରାଇଗଲା
ଶୀତଳ ଲାଭା ଉପରେ ଘୁଷୁରିଲାପରି
ପକ୍ଷୀଏ ଘୁଷୁରିଗଲେ ଆକାଶରେ
କେତେ ଋତୁ ଉଇଁଲେ ନିଭିଲେ
ଏକୁଟିଆ ତାରା
ବାଦାମ୍‌ଗଛ ଡାଳରେ ମୁହଁ ଲଦି
ଲୁହ ଝରାଇଲା
ଆମେ ତାକୁ 'କାକର' କହିଲେ।

ସ୍ୱପ୍ନର ଆୟୁଷ କ'ଣ
ସ୍ୱପ୍ନକ୍ଷମ ହୃଦୟଠୁଁ ବେଶି ?
ନଈଧାର ଶୁଖିଗଲେ
ଆକାଶ କି ଧନ୍ଦିହୁଏ କେବେ
ବାଲିଶେଯେ ବିମ୍ବ ଖୋଜି ଖୋଜି ?

ମୁଁ ଯଦି ଯାଆନ୍ତି ଛୁଟି
ଗୀତପରି, ପ୍ରପାତଟି ପରି

ଶିଖାପରି ଲହଲହ ଲମ୍ବିଯା'ନ୍ତି
ତୁମରି ଆଡ଼କୁ
ପୋଡ଼ି ପାଉଁଶ ହୁଅନ୍ତେ ସବୁତକ ଅଭିଶାପ
ବାଟ ଭାଙ୍ଗି ଯାଇପାରନ୍ତା ନା
ଅଟକି ରହିପାରନ୍ତା
ଅବାକ୍ ମୁହୂର୍ତ୍ତ ?

ବାହାସ୍ଫୋଟ, କୋଳାହଳ ତଳେ
ହାଲିଆ ଚେରର ନିଃଶ୍ୱାସ ଶୁଭନ୍ତା ନାହିଁ
ଯନ୍ତ୍ରଣାର ପର୍ବତ ଯେ ଚୂନାହୋଇ
ମୋ ରକ୍ତରେ ମୋ ଝାଳରେ ମିଳାଇଛି
ଭୁଲିବସନ୍ତି ମୁଁ।

ସହସ୍ରେକ ପାଖୁଡ଼ାର ବିରାଟ ଡାଲିଆପରି
ବଉଦ ବିଛେଇଥା'ନ୍ତା ଆକାଶରେ
କିଏ କେଜାଣି କାହିଁକି
କାଦୁଅ ଚକଟି
ମଣିଷଟେ ଗଢ଼ିବାରେ ଲାଗିଥା'ନ୍ତା
ମନ୍ତୁରାପାଣିରେ ତାକୁ ଜୀବନ୍ନ୍ୟାସ ଦେବବୋଲି
ନା ମୋ ନାଭିକେନ୍ଦ୍ରଠାରୁ
ଫୁଟିଥା'ନ୍ତା ଅଙ୍କୁରଟେ, ବଢିଥା'ନ୍ତା
ଶାଖାପ୍ରଶାଖା ସହିତ
ହେଇ ଅଛି, ହେଇ ନାହିଁ
ପତ୍ର ଆଉ ତାରାଙ୍କ ଗହଳି।

ହୁଏତ ମୋ ଦେହ
ଉର୍ବରତା ହେଇ ଭେଦିଥା'ନ୍ତା ଏ ମାଟିରେ
କିଏ ଜାଣେ

ଆଜି ମୁଁ ଆସିଥିଲେ ହିଁ
ପକ୍ଷିରାଜ ଘୋଡ଼ାଚଢ଼ି ନଗ୍ର ସମୀପରେ
ତୁମେ ଉଭାହୋଇଥା'ନ୍ତ।

ଗୋଟିଏ ଆକୁଳ ଡାକ ଓ ତାହାର ପ୍ରତିଧ୍ୱନି
ପ୍ରତ୍ୟୁତ୍ତର ହେଇ
ଢଳୁଥା'ନ୍ତା ଭୂମଣ୍ଡଳ।

କଥାଟେ କି କବିତାଟେ
କି ନୂଆ ନକ୍ଷତ୍ରଟିଏ ଜନ୍ମିଥା'ନ୍ତା
ଯୋଗଫଳ ତୀବ୍ର ଆନନ୍ଦର।

■

କାଳିମା

ବାଟରେ ଚାଲିଗଲେ ହିଁ କଳା -
ନାକ ଅଗରେ, ଗାଲରେ
ହାତ ପାଦ କପାଳରେ
ସବୁଠିଁ କଳା ଲାଗିଯାଉଚି କେମିତି -
ଶବ୍ଦଙ୍କ ସ୍ନେହରୁ
କଳା ବୋହିପଡୁଚି ସତେ କି !

ଅବଶ୍ୟ, ଧାଡ଼ିଏ ଲୁହବୁନ୍ଦାରେ ସଜା
ଗାଲକୁ ତୋର
ଲକ୍ଷ୍ୟ କରିଚି, ଭେଦିଚି ମୁଁ
ମୁଠେଇ ଧରିପକାଇଚି
ତୋର ଦୀର୍ଘଶ୍ୱାସକୁ,
ଚିହ୍ନିପକାଇଚି
ସଂଧ୍ୟାତାରା ଛାତିରେ
ତୋ ନୀଳକଳା ହସ୍ତାକ୍ଷରକୁ ।

ଆଉ କ'ଣ ?
ଅବଶୋଷ ?
ହଁ, ଘରକୋଣରେ ଜାଲ ବିଛେଇଥିବା
ବୁଢ଼ିଆଣୀଠି
କାହିଁକି ତ କଳା ଲାଗିନି ?
ରାସ୍ତାକଡ଼େ ଅତର ଛିଂଚିଥିବା ପଣତରେ
କି ନାଇଟ୍‌କ୍ଲବରେ
କାଚଗ୍ଲାସ ଉପର ପାଲିସ୍‌ମରା ନଖରେ
କି ଅହଂକାରର ଫୁତ୍‌କାରରେ
ଫୁଲିଉଠୁଥିବା ଚତୁରତାରେ

କୋଉଠି ତ କଳା ଲାଗିନି କାହିଁକି
କଳା କାହିଁକି ଲାଗିରହିଚି
ତୋ ନାଆଁ ଗାଆଁରେ ?

ଶୃଗାଳଙ୍କ ଆଖିରୁ
ଖସିପଡୁଚି ପାଉଁଶ
ଲୋଭର ଓଠରୁ ଉଠିଆସୁଚି
ସନ୍ତର୍ପଣ ଏଉଡ଼ି
ସଂସାରଯାକର କଳା
ନିହାତି ଛିଟ୍‌କି ପଡ଼ନ୍ତା ନାହିଁ
ଅନ୍ୟ କୋଉଠି ?

ଶଙ୍ଖଙ୍କ ଖିଅଧରି
ବୁଣୁବୁଣୁ ଲୁଗା ଖଣ୍ଡିଏ
ଘୋଡ଼ାଇ ଦେଉ ଦେଉ
ରକ୍ତସ୍ରାବ ମାଟିର
କଳା କାହିଁକି ଲାଗିଯାଉଚି
ତୋ' ଦି' ହାତରେ ?

ହୁସିଆର୍ ହେବା
ଶିଖିଲୁନି ଏଯାଏଁ
ସେଇଥିପାଇଁ
କଳା ଲାଗିଯାଉଚି ତୋ'ଠିଁ,
ସେଇଥିପାଇଁ ତ
ଅସ୍ଫୁଟ ଭାରିଭାରି ସ୍ୱରରେ
ତୋତେ ମୁଁ ଡାକିଦଉଚି
କଳାବତୀ !

ନୂଆକଥା

କେହି ଦେଖିନାହାନ୍ତି କି ଶୁଣିନାହାନ୍ତି କେବେ !
ଦି'ଗଡ଼ ଜିଆର ଛଟପଟ ଦେହଭଳି
ମୋର ଏମିତିକା
କଟାହୃଦୟର ଖଣ୍ଡକୁ ହାତରେ ଧରି
ଯନ୍ତ୍ରଣାକୁ ମାପିବା
ଆର ଖଣ୍ଡଟିକୁ କେଉଁଠି ହଜେଇଦବା
ଦେହମୁଣ୍ଡର ରକ୍ତକୁ
ଧୂଳିକୁ ଘାସକୁ
ନହେଲେ
ଟିକେ ପରର ସୂର୍ଯ୍ୟାସ୍ତକୁ
ଯାଚିଦେବା -
କାଳେ ଯାର ପଟାନ୍ତର ନାହିଁ
ଅକ୍ଷର ମିଳେନା କେଉଁ
ଏମିତିକା ଇତିହାସ ପାଇଁ ।

ନୂଆଛାଂଚରେ ଅକ୍ଷର ଗଢ଼ିବି ମୁଁ
ଭାଟିରେ ବସାଇଚି, ପୋଡ଼ିବି
ପୁରୁଣାକୁ ଲିଭେଇଦେବି ଏଇଠି ।

ସୂର୍ଯ୍ୟର ଆଙ୍ଗୁଠିରେ
ରତ୍ନମୁଦିପରି ଝଟକୁଥିବା ମେଘଖଣ୍ଡକୁ
ଝିଂକି ଆଣିବି ଏଇନା -

କୁହ ଏଥରକ
କ'ଣ ପିନ୍ଧେଇଦେବି ତୁମ ଉଲ୍ଲାସର ରଙ୍ଗକୁ -
ହଳଦୀବସନ୍ତ ନା ଶୁଆପକ୍ଷୀ
ଡାକିଆଣିବି କାହାକୁ
ତୁମ ସାମ୍ନାକୁ ?
ସମୟ ଉଡ଼ିପଳାଉଛି ହୁଏତ
ଧୂଳିପରି, ତୁଳାପରି
ଘୂର୍ଣ୍ଣିବାୟୁ କବଳରେ
କୁକୁଡ଼ାଙ୍କ ପର ପରି,
ନହେଲେ
ଲୁଚିପଡୁଚି ପାଦତଳେ
ମଧ୍ୟାହ୍ନର ଛାଇପରି ଡରିମରି
ନହେଲେ ବି
ବିରୂପା ପାଣିକୁ ଡେଇଁ
ଖଣ୍ଡବିଖଣ୍ଡ ହଉଚି
ଭୋର୍‌ବେଳା ଜହ୍ନଟିଏ ପରି ।

ତୁମେ କିନ୍ତୁ
ନୂଆ ତାରାପରି
ଆଖି ମିଟ୍ ମିଟ୍ କରନା ଆଉ
ନୂଆ ଭଲପାଇବା ପରି
ଲୁଚିଛପି ଜଳନା
ଧୂଳିରେ ମୂର୍ତ୍ତିଟେ ଗଢ଼ି
'ଦେବୀ' ଡାକିଦେଇ
ଫୁଲିଉଠନା ।

କେତେ କିଏ ହଜିଗଲେଣି
ଚାଲିଗଲେଣି, ଜାଣିଚ,
କିଏ ଧନଖୋଜି ତ କିଏ

ସିଂହାସନ ଖୋଜି
ଉଚ୍ଚାଟ ଧ୍ୱଜା ଧରି କିଏ
କିଏ ଉଦ୍ଦେଶ୍ୟରେ ସନ୍ତର୍ପଣ ନିହାତି

ମୁଁ କିନ୍ତୁ ଠିଆହେଇଚି ଏଇଠି
ତୁଚ୍ଛତାକୁ ପିଠିକରି
ନିଃଶବ୍ଦ ନିଶାର ଅହରହ ଆଃ-ଆଃ
-ରହ-ରହ-
ସ୍ୱରକୁ ଆକୁଳତାକୁ
ଚିହ୍ନିପାରୁଅଛି ।

ସଂସାର ଥିଲା କି ନାହିଁ ମନେଅଛି ?
ମନେଅଛି ହିସାବୀ ଲୋକମାନଙ୍କ
ବିକାକିଣା ?
ଖଣ୍ଡଗିରିଆଡ଼େ
ପାହାଡ଼ ତା' ନାଲିଆଖି ବୁଜିଦେଲା ପରେ
କୋଉ ଗଛ କୋରଡ଼ରୁ
ଶୁଭୁଥିଲା ପକ୍ଷୀଙ୍କ କାନ୍ଦଣା ?

ବିଗତ ଓ ଆସନ୍ତା କାଲିର
ସବୁ ରଙ୍ଗ ସବୁ ତେଜ ଭିତରେ ମୁଁ
ଆଙ୍ଗୁଠି ବୁଡ଼ାଇ ଲେଖିଦେବି
ଯାହା ଯାହା ଲେଖା ହୋଇଥା'ନ୍ତା
ଯାହା ଲେଖା ହୋଇନାହିଁ ।

ସ୍ୱର

ଖୁବ୍ ଦୂରରୁ ଲମ୍ବିଆସୁଚି
ଯୋଉ ଅନୁଚ୍ଚ ସ୍ୱର
ସେ ଆଉ କାହାର ନୁହଁ
ତୁମର।

ତୁମର ମାନେ
ମୋ ହୃତ୍‌ପିଣ୍ଡର କଟାଯାଇଥିବା
ଏକ ଜୀବନ୍ତ ଅଂଶର
ଅବଶ୍ୟ, ଖୁବ୍ ଦୂରର।

ଦେହ ଅଛି ତ ସ୍ମୃତି ଅଛି
ମୁଁ ଯିବି ଯିବି ହେଇ ଆଉଜିପଡ଼ିଚି
ମୋ ଛଟପଟ ହୃଦୟ ଉପରେ -
ଶୋଚନା, ଭାବନା ମୋର
ଅନ୍ଧାରରେ ଛନ୍ଦିଥିବା ଚେର ପରି,
ଭୂତଳର ବିସ୍ଫୋରଣ ପରି ମୋର ହାହାକାର
ଲେଖି ହୁଏନା କୌଣସି କଲମରେ
ସୁପ୍ରଯୁକ୍ତ ହୁଏନା
କୌଣସି ବର୍ଣ୍ଣମାଳା, ଅକ୍ଷର।

ମୁଁ ସ୍ୱର ବୁଝେ, ଭାଷା ବୁଝେ
ଠିକଣାବିହୀନ ଅସ୍ତିତ୍ୱ ନୁହେଁ ଯେ

ପଡ଼ିରହିବି ବେଓ୍ୱାରିସ୍
ନୁହେଁ ବି ମାଟିକଣ୍ଢେଇ
ମିଳେଇଯିବି ଅତଳତଳ ନଈବଢ଼ିରେ -

ରହ, ମୁଁ ଆଙ୍ଗୁଠି ଛୁଇଁଦିଏଁ
ମୁଖର ସୁନାତାରରେ -
ମୋର ପ୍ରତିଟି ତନ୍ତୁ କଂପିଉଠିବ ଏଇନେ
ବାଜିଉଠିବି ମୁଁ
ଠିକ୍ ତୁମ ମୂର୍ଚ୍ଛନାର ଲୋଡ଼ିବାପଣରେ -

ଅଥଚ, ନୀରବତା ଘୁମେଇଁ ପଡୁଚି
ମୋ ଓଠ ଭିତରେ
ନିସ୍ତବ୍ଧତା
ଜଂଗଲୀ ଘାସପରି ବଢ଼ିଉଠୁଚି
ଘେରିଯାଉଚି ମୋର ଚାରିପାଖ
ସେ ଘାସବଣର ଶିଖ ଡେଇଁ
ପଶିଆସୁଚି ଯେଉଁ ସ୍ୱର
ସେ ତୁମଛଡ଼ା କାହାର ନୁହଁ।

ଏତେ ମିଛର ଅଭିସନ୍ଧିର
ଈର୍ଷାର ଛୁରୀଧାର
ଏତେ କୋଳାହଳ
ତା' ଭିତରେ ଯେ ନିଆରା ସ୍ୱର -

ଦି'ପହର ଡହଡହ ଖରାରେ
କି ଅଧରାତି ଶିଶିରର ଟୁପ୍‌ଟାପ୍‌ରେ
କି ପାହାନ୍ତାର ଚଢ଼େଇ
ଖଣ୍ଡ ଖଣ୍ଡ ଅନ୍ଧାରପରି
ଆକାଶସାରା ବୁଣିଗଲାବେଳେ

ନହେଲେ ବା ସକାଳ ଆଠଟାରେ
କିନ୍ତୁ ଏକାଠି
ଏକାଠି ଆମେ ଯିବା କହୁଚ ତ ?

ଶିଶିର କି ଖରା, ଜହ୍ନ କି ଗୀତ
ଯାହା ବି ହେଉ
ଝରିପଡୁଥିବ
ଆମ ଉନ୍ମୁକ୍ତ ନାଭିଦେଶରେ ?

ଧୂଳିର ଫାଶ

ମତେ ଭୁଲାଇଦିଅ
ତା'ର ଆସିବାର ତାରିଖ।
କହିଦିଅ,
ଆଜି ନୁହେଁ, ଆଉ କେବେ
ଆଉ କେଉଁ ସୂର୍ଯ୍ୟାସ୍ତରେ
ପାଗଳ ଅନୁରାଗର ରଙ୍ଗରେ
ନାଲି କଇଁ ପୋଖରୀ ମଝିରେ
କି ଚଟାଣସାରା ବୁଣିଯାଇଥିବା
ମୋ ଗଳାର ଲାଲ୍ ମାଳିର ପ୍ରତିବିମ୍ବରେ
ସେ ଛନ୍ଦିଦଉ ତା'ର ଆଗ୍ରହ।

ମୁଁ ଯେ ନିଜକୁ ଟାଣିଟୁଣି
ଚାରିଆଡୁ ଛଡ଼େଇ ଆଣି
ଥାପିଦେଇଚି ଏଇଠି
ପ୍ରସ୍ତ ପ୍ରସ୍ତ ବାଲିତଳେ
କାଳେ ବାଜିଯିବ ତା'ର ଡାକ
ଅସ୍ଥିର, ଚଞ୍ଚଳ ଆଙ୍ଗୁଠି ତାର
କାଳେ ଛୁଇଁଦବ
ମୋର ଅବଶୋଷତକ।

କେଡ଼େ ମୂର୍ଖପଣ
ସାରା ଜୀବନ ଖଣ୍ଡା ଦାଢ଼ରେ
ବାଟ ଚାଲିବା ମୋର !
ହୃଦୟର ଛୋଟ ଖଣ୍ଡେ କାଗଜ ଉପରେ
ଲେଖିଦବା ଅର୍ବୁଦ ଅର୍ବୁଦ ସ୍ୱପ୍ନ –

ପୋତିଦବା, ମାଟିରେ,
ପବନର ଟୁକୁଡ଼ା ଉପରେ
ଧାଡ଼ି ଧାଡ଼ି ସଜେଇଦେଇ ଲୁହକୁ
ଉଡ଼େଇଦବା ଆକାଶ ଦିଗରେ !

ନିଶାର୍ଦ୍ଧ ବା ମଧ୍ୟାହ୍ନର ଖୋଷାରେ
ଶିମୁଳି ଫୁଲଟେ ପରି ଜଳୁଥିବା
ସେ କ୍ଷଣରେ
ଚନ୍ଦ୍ରାଲୋକର ହାଲୁକା ଶାଢ଼ି ପିନ୍ଧି
ମତେ ତ ବାହାରିଯିବାକୁ ହବ
ଯାଦୁକରର କରତାଳି ମାତ୍ରକେ ।

ତା'ହେଲେ
ଫେଣର ଦାନ୍ତ ଦେଖାଇ
ଠୋ ଠୋ ହସୁଥିବା ସମୁଦ୍ରକୁ
ସାମ୍ନାକରି ମୁଁ
ଆଉଜିପଡ଼େ
ସତ୍ୟର ଖୋଲା ଛାତିରେ ।

ପତ୍ରପରି ଗଳୁରିଉଠି
ଥରିଉଠି ନକ୍ଷତ୍ର
ପଚାରୁଥାଉ ଝଡ଼ାପତ୍ରର ଅଭିମାନକୁ
'ଭୟଙ୍କର ଝଡ଼ ଯଦି
ତାଡ଼ି ଉଡ଼େଇନିଏ ପୃଥିବୀକୁ
ଲୁହ କୋଉଠି ଥିବ ?
କୋଉଠି ଥିବ ସ୍ୱପ୍ନ ? ଆଉ
କୋଉଠି ବୋହିଯାଉଥିବ ରକ୍ତ
ଶଙ୍ଖ ଦେହରୁ ?'

ଉଦୟାସ୍ତ

ହାତମୁଠାରୁ
କରାଟଟି ଖସିପଡ଼ିବ ବୋଲି
ଜାଣିଥିଲି,
ଠିକ୍ ଧରିଲାବେଳେହିଁ
ଖସିପଡ଼ି ଚୂନାହବ -
ସେଥିପାଇଁ ଉଷୁମ ପାପୁଲିରେ
ହୃତ୍‌ସ୍ପନ୍ଦର ଠକ୍‌ଠକ୍‌ରେ
କୋଉଠି ଗୋଟେ ଅସଂଗତି
ଛିଣ୍ଡିପଡ଼ିଲା କେଳିପୁରରେ।

ହୁ ହୁ ଡାକୁଥିବା ମେଘଖଣ୍ଡେ
ଭାଂଗିପଡ଼ିଲା ଯକ୍ଷର ନିଃଶ୍ୱାସରେ
ତୁମେ ଭୁଂଜାଇଲେ
ଭୁଂଜୁ ନଥିଲି ମୁଁ
କୋଳକଲେ
ଉଛୁଡ଼ି ଲୋଟୁଥିଲି ଭୂଇଁରେ
ପଶ୍ଚିମର ଆକାଶେ ରଙ୍ଗକୁ
ଛାଟିଦେଇ ମୁହଁକୁ ତୁମର
ବୁଡ଼ିଯାଉଥିଲି ଚକ୍ରବାଳରେ।

ପକ୍ଷୀ ତେବେ କାନ୍ଦିଲା କାହିଁକି
ଜାଣେନା ମୁଁ

ପୋକଟିଏ ମୁଣ୍ଡ ପିଟିଲା
ଘାସପତ୍ର ଅଗରେ
କଂପୁଥିବା ପ୍ରତିଟି ଲୋମକୂପରେ ମୋର
ବିଷାଦ ଜମିଗଲା। କେମିତି
ହଜିଗଲା କୋଉଠି
ମୋର ରତ୍ନମୁଦିଟି।

ସତ୍ୟ ଏତିକି ଯେ
ରତ୍ନ ରହେନା
କାହାରି ହାତମୁଠାରେ ଚିରଦିନ
ପାଇବାରେ ଯେତିକି
ହରାଇବାରେ ତା'ଠାରୁ କମ୍ ନୁହେଁ କେଉଁ
ସାମର୍ଥ୍ୟ, ସ୍ୱାଭିମାନ।

ଉଠ, ଏଥରକ ଚାହଁ ତ ମତେ
ହଜିଯାଇଚି ବୋଲି ଦୁଃଖ କରନା
କିଏ କେତେଦିନ ଏଇଠି –
କେହି ପାଇଚି କେବେ
ସେ ରହସ୍ୟର ଚାବି
ଯାହା ତୁମକୁ ମତେ ମିଳିଯାଇଚି
ପୁଣି ହଜିଯାଇଚି – ?

ଦେଇପାରନ୍ତି ଯଦି

ନିବିଡ଼ତା ମଝିର
ଊହ୍ୟ ଶୂନ୍ୟତାକୁ ଦେଇପାରନ୍ତି ଯଦି
ଦେଇପାରନ୍ତି ସ୍ୱପ୍ନ ଭାଙ୍ଗିଲାବେଳର
ବେପଥୁକୁ,
ପରାସ୍ତ ସମୟର ବନ୍ଦୀ ଅହଂକାରକୁ,
ଉଡ଼ନ୍ତା ଚଢ଼େଇଙ୍କ
ଅକ୍ଷରର ସଂଭାବନାକୁ
ଟେକିଦେଇପାରନ୍ତି ଯଦି -
ନା, ଦେଇହବନି କିଛି
ଅନୁଗତ ହେବନାହିଁ ପୃଥ୍ୱୀ, କଦାପି।

ଘୁଷୁରୁଥିବା ପୋକର ସ୍ୱର୍ଗସୁଖକୁ
ବଢ଼େଇଦେବି, ନବ ?

ହାତପାଆନ୍ତାରେ
ଜରଜର ରକ୍ତମାଂସର
ଲୋଭ ମୋହର
କ୍ରୋଧ ଅଭିମାନର
ଟୁକୁରା ଟୁକୁରା ବାସ୍ନାଫୁଲ ଛଡ଼ା
କିଛି ନାହିଁ ଯେ !

ଅଥଚ, ଦେବି ଦେବି ହେଇ

ଆସ୍ଫାଳନକୁ ବୁଣିଦଉଚି ରାସ୍ତାସାରା ମୁଁ
ସୋରିଷ ପରି ଗଜାମାରିବ ସେସବୁ
ଲମ୍ବାଇଦେବ ସବୁଜପଥ

ହୁଏତ ଖୋଲିଦେବ
ମୋ ସନ୍ତାପର ଠିକଣା-
ତୁମେ ଖୋଜି ଆସିବନାହିଁ, ନା ?
ରାସ୍ତାରେ ପାଦ ଥୋଇଲେ
ଲାଗିଯିବ ସବୁଜରକ୍ତ
ପାଦରୁ ଲାଜଲାଜ ହାତ
ହତାରୁ ବର୍ଷାଧୁଆ ଚକ୍ରବାଳର
କଜଳଗାର
କିଛି ଦେଇନପାରିବାର
ସନ୍ତାପ ଯେ ତୁମର
ସବୁ କାଳର ।

ମଝି ରାତିରେ...

ପାହାଡ଼ ଉପରର ସେ ଧପ୍ ଧପ୍ ତାରା
କୋଉକାଲୁ ଅଟକିଚି ସେଇଠି
ତାରାଙ୍କ ମଝିରେ
ଆଜି ବି ଅଣ୍ଡାଳି ହଉଚି ହାତ ଦି'ଟି
କ'ଣ କୋଉଠି
ହଜିଯାଇଚି ତା' ହେଲେ ?

ଠିକ୍ ମଝିରାତିରେ
ଅନ୍ଧାର ଆଉ ନିର୍ଜନତା ଭିତରେ
ତୀରପରି ଭେଦିଯାଉଚି ମୋର ସ୍ୱର
ଧୀରେ ପାଦ ଉଠାଉଛି ମୁଁ
ଠିଆହେଇଯାଉଛି ଛାୟାପଥ ମଝିରେ।

ତୋଟାରେ ପତର ଗୋଟାଉଥିବା
ସକାଳ
କ୍ଳାନ୍ତ ଡେଣାରେ ଆଉଜି ବସିଥିବା
ସଂଧ୍ୟାବେଳ
ରକ୍ତାକ୍ତ ଆକାଶକୁ ଧୋଇଦେଉଥିବା
ନଦୀ ତଡ଼ାଗସକଳ
ଚମକି ଉଠନ୍ତି ଏକାବେଳେ
ମୋର ସ୍ୱର ଶୁଣିଲେ।

ତୁମେ ଶୁଣିଚ ମୋ ସ୍ୱର ?
କାହିଁକି ତେବେ
ରକ୍ତାକ୍ତ ଆଖିରେ ଏତେ
ଅବଶୋଷ ତୁମର ?
ଆମେ ଏକାଠି ନାହେଁ ବୋଲି ତ
ଏତେ କବିତା
ଏତେ ଗୀତ
ସିଲ୍‌ହଟ୍ ଏତେ
ଏତେ ବଡ଼ ଭୂଚିତ୍ର !

ଦେଖ, କପାଳସାରା ମୋର
ସମୟର ଚେର
ମୋ ହୃତ୍‌ପିଣ୍ଡରେ
ଧକ୍ ଧକ୍ ନିଆଁ
ସନ୍ତାପର,
ଆମେ ଭାଗ କରିଥିବା
ସବୁତକ ଗୀତ ସବୁ ନିଃଶ୍ୱାସ
ସବୁ ରୋଷ
ହାତ ବଢ଼ାନ୍ତି ଧୀରେ
ମୋର ହୃଦୟ ଆଡ଼େ ।

ଭୋର୍ ଆକାଶର
ଭାଲପଟରେ ଜହ୍ନ
ଟିପାଏ ରକ୍ତଚନ୍ଦନ,
ହଜିଯାଇଥିବା ସ୍ୱପ୍ନ
କଳାଛାଇପରି ଉଡ଼ିବୁଲନ୍ତି
ଦିଗ୍‌ବିଦିଗ
ଛାତିରୁ ରକ୍ତ ଟୋପାଏ ଖସିପଡ଼େ
ରକ୍ତ ଠୋପାକ

ପାଲଟେ ଲୁହ
ପାଲଟେ ଅନୁରାଗ,
ସାରା ଦିନ ଢେଲାମାଡ଼ରେ
ମଣିଷ, ପଶୁ, ଏପରିକି
ବନସ୍ପତିଠୁଁ ବି
ରକ୍ତ, ରସ ଓ ଲୁହବୁହାଉଥିବା
ସେଇ କ୍ରୂର ହାତଦୁଇଟା
ଲମ୍ବିଆସେ
ଚିପିଦେବାକୁ ଗଳା ସେ ଅନୁରାଗର।
ତା' ପୂର୍ବରୁ
ଅଥୟ ଝଡ଼କୁ ଠେଲି
ବସେଇ ଦଉନ କାହିଁକି
ଦକ୍ଷିଣାପବନର କୋଳରେ ?

କାହିଁକି ପୋତିଦଉନ
ନିଜର ଦୁଃସାହସକୁ
ଝଡ଼ାପତ୍ର ତଳେ ଲୁଚିଯାଇଥିବା
ପ୍ରତୀକ୍ଷାର ଘାଟରେ ?

■

ଥିବା ନଥିବା

ଦୁଇହାତ ଜାଗା ନଥିଲା କୋଉଠି
ସାରାଟା ସଂସାରରେ ଜାଗା ନଥିଲା
ହାତ ରଖିବା ପାଇଁ ହାତରେ
ଲେଖିଯିବାକୁ ମହାମୂଲ୍ୟ ସତ୍ୟକୁ
ଦୁଇଆଂଗୁଳ ଜାଗା ନଥିଲା କୋଉଠି
ମାଟି ଉପରେ ।

କୋଉଠି ତୂରୀ ତ କୋଉଠି ଛୁରୀ
ମିଛର ଝଲମଲ ପକେଟରେ
ପୋଡ଼ାକାଗଜ, ଶୁଖିଲା କାଳି
ହୃଦୟର ଚିହ୍ନବର୍ଣ୍ଣ ନଥାଇ
ବାହାରିଆସେ ପାଟିରୁ ଯାହା
ଅଜାଡ଼ିପଡ଼େ
କେତେ କେଜାଣି ହାତତାଳି !

ନିଦାଘର ଲମ୍ବା ରାସ୍ତାରେ
ସଂକ୍ଷିପ୍ତ ଛାଇଟିଏ ପରି ବା
ବାସ୍ନାଖିଏ ପରି
ସେ ଥିଲା କି ନାହିଁ ?
ଥିଲା ବୋଧେ
ନହେଲେ ଶୀତଳତାର
କ୍ଷଣମୟ ସ୍ପର୍ଶଟି

ଛନ୍ଦିରଖନ୍ତା କେମିତି
ସାରାରାସ୍ତାର ଝାଳକୁ
ବିସ୍ୱାଦକୁ ?

ଚାଟୁର କାରୁକାର୍ଯ୍ୟ
କେତେ ଅଂହକାର
ଚେତନାର ମସୃଣତାରେ ମୋର
କାଟିଦେଇଚି କେତେ କେଜାଣି
ରକ୍ତାକ୍ତ ଗାର
ଛୁଇଁଲେ, ପୀଡ଼ା ବଢୁଛି କେବଳ ।

ସତେକି ମୁଁ ଗୁମସୁମ୍ ପାହାନ୍ତା
ବର୍ଷିବ ବର୍ଷିବ ହେଇ ଝୁଲିରହିଚି
ପାହାଡ଼ କାନ୍ଧରେ, ଗଛ ଡାଳରେ
ନହେଲେ ଦୁଇ ଡାଳ ମଝିରେ
କଟିଯାଇଥିବା ଚେନାଏ ଆକାଶରେ !

ଦୁଃଖ ଅଭାବ ଯେତକ
ଭିନ୍ନ ଭିନ୍ନ ପରିଚୟ ତାଙ୍କର
ଯେତେବେଳେ ଯିଏ
କପୋତ ପରି ଉଡ଼ିଆସି ବସିଯା'ନ୍ତି
ଚେତନାର ଡାଳରେ
ଆବୋରି ଘୋଟିଯାଆନ୍ତି ଦଶଦିଗ
'ଉଠ୍‌ରେ ପୁତା' ଡାକରେ ।

ଏକଥା ସତ
ସେଇ ଦୁଇହାତ ଜାଗାକୁ
ସେଇ ସଂକ୍ଷିପ୍ତ ସୁଗନ୍ଧକୁ
ଏଣିକି ଖୋଜିବାକୁ ନଥିବି ମୁଁ

ଖରାକୋଳରେ ବସିନଥିବ
ଛାଇ ଗୋଟିଏ।

ବାଲିକଙ୍କଡ଼ାଙ୍କ ପାଦଚିହ୍ନ
ଲିଭାଇସାରିଥିବ ମୋର ଆୟୁଷ
ସମୁଦ୍ର ମୁଣ୍ଡ ପିଟୁଥିବ
ଅଥଚ ଚିହ୍ନୁ ନଥିବ ଜମାରୁ।
ଭୁଲିସାରିଥିବ ପୃଥିବୀ -
ମୁଁ ଯେ କେବେଠୁଁ କହିଦେଇଚି ତାକୁ
"ମତେ ଖୋଜିବୁ ନାହିଁ, ମୁଁ ନଥିବି।"

■

ପ୍ରହସନ

ଅନ୍ଧାର ଭିତରେ
ସ୍ୱପ୍ନଟେ କୋଉଠି ହୁତ୍‌ହୁତ୍ ଜଳିଉଠେ
ଢେଉଟିଏ ଭାଙ୍ଗିପଡ଼ିବା ଶବ୍ଦରେ
ଚମକିପଡ଼େ ରାତି
ମୋର ସଫେଦ ଛାତିରେ
କେହି ଅଂଗାରର ଗାର ଟାଣିଦିଏ।

ଟୁକୁରା ଟୁକୁରା ଖସିପଡ଼େ
ଅବର୍ଣ୍ଣ ଅକ୍ଷର
ଅଲେଖା କବିତା ମୋର
ନାହିଁ ନଥିବା ପବନ
ଉଡ଼ାଇ ଫୋପାଡ଼ି ଦିଏ
କୁଆଡ଼େ ବୋଲି କୁଆଡ଼େ,
ମୁଁ
ବାଟକାଟି ପଳାଉଥିବା ସମୟର
ହାତ ଧରେ।

ମହାଶୂନ୍ୟରେ
ନିତିନିତି ଗୁନ୍ଥିହେଇ ଛିଣ୍ଡୁଥିବା
ଧ୍ୱନିମାଳ
ମତେ ଯଦି ପଚାରିଦବ
"ମୂକ ଦିନରାତିକୁ ନେଇ
ଯେ କି' ପ୍ରହସନ ତୋ'ର?"
ଧ୍ୱନିମୁଠାକର ଡାକରେ କେବେ
ଛାଡ଼ି ପଳାଇଥିଲି ଘରଦ୍ୱାର
ଲିଭେଇଦେଇଥିଲି ଠିକଣା
ଠପ୍ ଠପ୍ ଲୁହଢାଳି କେବେ

ଧୋଇ ସଜାଇଥିଲି ଖରାର ଅଗଣା
ମନେନାହିଁ -

ମନେନାହିଁ ଶୂନ୍ୟର ଅଣରଙ୍ଗରେ କେବେ
ରଙ୍ଗାଇଥିଲି ମୋର ଆତ୍ମାକୁ
ହିସାବୀ ସମୟର ଉପହାସକୁ
ବିନ୍ଧ ଶର ଗୋଟି ଗୋଟି ପରି
ଓଟାରି ପିଙ୍ଗିଦେଉଥିଲି
ମୋର ଆତୁର ନାଭିସ୍ଥଳରୁ।

ମୋ ରକ୍ତରେ ପହଁରୁଥିବା ହଂସ,
ଛାୟାପଥ ଆଢୁଆଳରେ କୁଦିପଡୁଥିବା
ନିର୍ଝର,
ଆୟୁଷ୍ମତୀ ଧ୍ୱନି
ଅନୁଚ୍ଚାରିତ କବିତାର -
ଏ ସବୁକୁ
ମୁଁ ଭୁଲିପାରିବି ନାହିଁ କଦାପି।

ମୁଁ ଯେ ଏମିତି ଗୋଟେ ଆଲୋକ
ଯାହା ସାମ୍ନାରୁ ଝଡ଼ି ଅପସରିଯାଏ
ସାରାଟା ନକ୍ଷତ୍ରଲୋକ,
ଅନ୍ଧ ହୋଇଯା'ନ୍ତି ସବୁ ପତଙ୍ଗ,
ମୁଁ ଯେ ଏମିତି ଗୋଟେ ଅସ୍ତିତ୍ୱ
ଯାହା ବନାଗ୍ନି, ବାଡ଼ବାଗ୍ନି
ଓ ହୋମାଗ୍ନିଠୁଁ ଚିତାଗ୍ନି ପର୍ଯ୍ୟନ୍ତ
ସବୁ ଅଗ୍ନିର
ଇନ୍ଧନ ହୋଇଯିବା ଅବଧାରିତ।

ସଜେଇଦିଅ

ଏଥର ସଜେଇଦିଅ ମତେ
ନାନା ଚିତ୍ରରେ, ଚାତୁରୀରେ
ମନଭେଦୀ ଗତି ଛନ୍ଦରେ
କପାଳରେ, ଆଖିଫଳକରେ
ଚିବୁକେ ନାସାଗ୍ରେ
ଧାଡ଼ି ଧାଡ଼ି ସୁବର୍ଣ୍ଣ ଅକ୍ଷର
ଲେଖି ହେଇ ଯାଅ
ସନାକ୍ତକର
ମୁଁ କାହାର -

ନୂଆ ନୁହେଁ କି ପୁରୁଣା ନୁହେଁ
ଉଭୟର ଉଜ୍ଜ୍ୱଳତାରୁ
ପୋଛିଦିଅ ଧୂଳି
ପ୍ରତ୍ନର ଗଭୀରତାରୁ
ଉଠେଇ ଆଣ ନକ୍‌ସା ଗୋଟିଏ
ଗ୍ରହ ନକ୍ଷତ୍ରଲୋକରୁ
ଖସୁଥିବା ବାଙ୍‌ମୟ ତେଜକୁ
ଗଢ଼ିଥୁଅ,
ହାତରୁ ଭାଙ୍ଗିଦିଅ
ଯେ ହାଲୁକା ଚୁଡ଼ିମାଳ
ଆଙ୍ଗୁଠିରେ ଖଞ୍ଜିଦିଅ
ଶୂନ୍ୟ ଅଥଳ

ମୃତସଂଜୀବନୀ ଛିଞ୍ଚି
ନିଶ୍ଚେତ ନୀରବତାକୁ
ଜୀବନ୍ତକର।
ସକାଳକୁ ଯେ
ତାରାମାନେ ଖସିପଡ଼ିବେ
ବସିପଡ଼ିବେ କଇଁପତ୍ରବିଛା ଗାଡ଼ିଆରେ,
ଲୋକନୃତ୍ୟର ମୁଦ୍ରାରେ
ମାଡ଼ିଆସିବେ ଢେଉମାନେ କୂଳକୁ -
ରଙ୍ଗସବୁ ଉଡ଼ିଯିବ କର୍ପୂରପରି
ସମୟର ସାଜବାକ୍ସରୁ।

ଆଉ ଡେରିକଲେ ବି
ଯେ କ୍ଷଣଉଜ୍ଜ୍ୱଳ ହୃଦୟ ମୋର
ଥିବ ନଥିବ ଏମିତି
ମୁଁ ଯେ କଥା ଦେଇଚି, ଯିବି।

ରାସ୍ତା ନାହିଁ, କହୁଚ ?
ସେଇଥିପାଇଁ ତ ଶାଣଲଗାଅ
ପାଦରେ ହାତରେ ମୋର
ଈର୍ଷାଳୁ ଆଖିମାନେ
କ୍ରୋଧର ଛୁରୀମାନେ
ତଳକୁ ହେବେ ନିହାତି
ସେଇଥିପାଇଁ ତ
ଗୋଟିଏ ବୁଝାମଣାର କୋମଳ ଉଚ୍ଚାରଣ
ବଜେଇଦିଅ ଧମନୀର ଲାଲ୍ ତାରରେ, ମୋର।

ସେ ଚିହ୍ନିବେ ନାହିଁ କହୁଚ ?
ସେଇଥିପାଇଁ ତ
ଭିନେ ବାଗରେ ସଜାଅ ମତେ

ସବୁ ଅକ୍ଷମତାକୁ ମୋର କ୍ଷମାକର,
ପାଣିର ହେଉ କି ରକ୍ତର ହେଉ କି
ସ୍ନେହର, ଫିଟାଇଦିଅ ଝରଟେ
ଯେମିତି
ଗଳି ତରଳିଯିବ ପଥର।

କିଛି ନଥିଲା

କଥାଥିଲା, ସାଙ୍ଗ ହେଇ ଯିବା
ଶେଷପର୍ଯ୍ୟନ୍ତ ଯେଉଁଠି
ଝଡ଼ାପତ୍ର ବିଛଣା ଉପରେ
ଶୋଇଥିବ ଘଟଣାର ଶବ
ଯେଉଁଠାରେ ଆଂଜୁଳାକ ରତ୍ନକୁ ମୋଠାରୁ
ଛଡ଼େଇ ନେଇଯିବ ବିକଟାଳ ହାତ
ମୋର ହାହତୋସ୍ମିକୁ ଭୃକ୍ଷେପ ନକରି,
ଆଉ କିଛି ନଥିଲେ ବି
ଦୁହେଁ ତ ଥିବା ହାତ ଧରି ।

ତୁମର ପାଦ ଖସିଲା ଅତଳତଳକୁ
ମୁଁ ଉଠାଇ ଆଣିପାରିଲି ନାହିଁ
ମୁକ୍ତି ଦେଇପାରିଲି ନାହିଁ
ବାଚାଳତାକୁ
ଝଡ଼ ଆଗରୁ ଭାଙ୍ଗିପଡୁଥିଲା
ଏକଟଣା ଡାକ କାହାର
ଅଥଚ
ଉତ୍ତର ନଥିଲା କୌଣସିଠାରୁ -
କଥା ଯଦି ତଥାପି ବଂଚିରହିଲା
ଉଡ଼ିବୁଲିଲା ଗୁଡ଼ିପରି ଆକାଶରେ
ନିଃଶ୍ୱାସ ଯଦି ପାଦ ପୋତି ଠିଆହେଲା
ପାହାନ୍ତାର ଛାଇନିଦରେ,

ବର୍ଷା ଯଦି ସାରା ରାତି ମୁଣ୍ଡପିଟି
ଛେଚିହେଲା,
ସକାଳ ଯଦିବା ଦି' ହାତେ ମୁହଁ ଲୁଚାଇ
ପିଠିକରି ବସିଗଲା ମୋ ଆଡ଼କୁ
କୋମଳ ଅଦୃଶ୍ୟ ଡଂକ
କୁରାଢ଼ିର ଚୋଟ ଖାଇଲା ଯଦି ବା
ମତେ କିଛି ପଚାରନା, ଦୟାକରି ।

କଥା ଯଦି ବୋହିଗଲା
ପାଣି ପବନରେ
ପତ୍ରଟେ କି କଷିଟାଏ
କଅଁଳିଲାନି କୋଉଠି
ତେବେ କଥା,
କେବେ ନଥିଲା କି
କିଛି ନଥିଲା ।

କିଆ ଫୁଟିଚି

କିଆଫୁଲ ଫୁଟିଚି
ପାକଳ ଗଛରେ ଫୁଟିଚି ଯେ
ଭାରି ବାସୁଚି ।

ସମୁଦ୍ର ଗର୍ଜନଠାରୁ ଲୁଚିଛପି
ଧାଡ଼ିଏ ପାହାଡ଼ ଟପି
ବଣବୁଦାଘେରି ଫୁଟିପଡ଼ିଚି
ଦିଶୁନାହିଁ, ବାରିହଉଚି ।

ଡେଙ୍ଗୁରା ଦେଇଚନ୍ତି ମହାର୍ଜା
ମନ୍ତ୍ରୀ ପାରିଷଦ୍ ଖେଦିଯାଇଛନ୍ତି ଚାରିଦିଗ
ଫୁଟିବ ନାହିଁ ଫୁଲ
ଧାଡ଼ିଏ କିଆବଣବି ରହିବ ନାହିଁ କୋଉଠି ।
ଲକ୍ଷେ ସୁନାପଦ୍ମ ଫୁଟାଇବେ ମହାର୍ଜା
ହୀରା ଦେବେ ନୀଳା ଦେବେ
ଖବରଦାର୍
ରହିବ ନାହିଁ କୋଉଠି
ଛାର କିଆବୁଦାଟେ ।

ଚନ୍ଦ୍ରଉଦିଆଠାରୁ ଆହୁରି ଝଲମଲ
ହୀରାର ଆହୁଲା ମାରି
ଖସି ଆସୁଥିଲା ଜହ୍ନ

ସଂଧ୍ୟାତାରାଠୁଁ ଆହୁରି ଧପ୍‌ଧପ୍
ଜଳୁଥିଲା ଶୁକ୍ରତାରା
ହୀରାର ନାକମାଛିଟି
ସତେକି ଖସିପଡ଼ିଲା କାହାର
ଓଠ ଖୋଲିଲା କିଆଫୁଲ।
କହିବ ନାହିଁ ସେ
କହିବ ନାହିଁ କିଛି -
କଣ୍ଟାବାଡ଼ କାଚବାଡ଼ର ଘେର ଭିତରେ
ରାଜ ନିଷେଧର ବାହାରେ
ଏତେ ଦୂରରେ, ଖୁବ୍ ନିବିଡ଼ ଗହୀରରେ
କାହିଁକି ସେ ଫୁଟିପଡ଼ିଚି।

ଭଲପାଇବାର ପ୍ରଥମ ଉଚ୍ଚାରଣ ପରି
ବସୁଧାର ଗନ୍ଧ ପରି
କୃଷ୍ଣଶିଳାର ଅକ୍ଷର ପରି
ଘନଅରଣ୍ୟର ନିର୍ଝର ପରି
ଅସଂଭାଳ ସେ
କେମିତି ଭଲା ଦିଶିଯାଇଚି,
ଛପିଯାଇଚି !

ରାଜଜେମା ଗୋ ରାଜଜେମା,
କାହାକୁ କହିବ ନାହିଁଟି
ମୁଣ୍ଡକାଟ ହେଇଯିବ -
ଦେଖ, ଏଇଲେ ମୁଁ ଉଠିପଡୁଚି
ଫୁଟିପଡୁଚି ଏଇଠି।

■

ମୁକୁଟ

ମୁକୁଟରେ
ଲୁହର ଶୁଖିଲା ଦାଗଟେ
ଦେଖିଚ ନା ନାହିଁ,
ଦେଖିନ ସତରେ ?

ତୁମ ନାସାଗ୍ର, ଓଷ୍ଠାଧର
ଓ ଅନ୍ତଃସ୍ଥଳ ବିଦାରି
ରକ୍ତ ଠୋପାଏ ପରି
ଚହଟିଉଠି ନଥିଲା ଯେ ଲୁହ
ସତ କୁହ ?
ଦିନ ରାତି ଭିତରେ ଓ
ରାତି ଦିନ ଭିତରେ
ଗୋପ୍ୟ ହୋଇଥିଲେ -
ବୋଲ ମାନୁନଥିଲା ପାଦ -
ପଡୁଥିଲା କୋଉଠି ବୋଲି କୋଉଠି,
ଚେତା ହଜିଯାଉଥିଲା
ବସ୍ ଟ୍ରାମ୍ ଭିତରେ,
ସେହି ଲୁହଦାଗକୁ
ଦେଖିପାରୁନ ସତରେ ?

ମହାରାଜ୍
ଅହଂକାର ଫାଟେ ନାହିଁ ତୁମର

ବେଲୁନ୍ ହେଇ
ଆକାଶରେ ଉଡ଼େ, ଉଡୁଥାଏ
ଲୁହଦାଗକୁ ସ୍ୱୀକାର କରନା ତୁମେ
କେବେହେଲେ -
ଅଥଚ, ମୁକୁଟର
ହୀରା ତଳର ଏଇ ଦାଗକୁ
ତୁମେ ଯଦି ଛୁଇଁଦିଅନ୍ତ ଥରେ
ଫାଙ୍କା ଆକାଶରେ
ଲହୁଣି ଭରିଯାଆନ୍ତା
ପାଣିଚଳାଏ ଖସିପଡ଼ନ୍ତା
ଶୁଖିଲା ଦୂବ ମୂଳରେ
ଚନ୍ଦ୍ରାଲୋକ ଧାଡ଼ିଏ ଓହ୍ଲାଇ ଆସନ୍ତା
ଶୂନ୍ୟର ପାହାଚ ଡେଇଁ
ଲୋଟିଯା'ନ୍ତା ଚକୋର ବୁକୁରେ।

ସତ୍ୟର ସୁଗନ୍ଧ
ପଶିଆସନ୍ତା, ଖେଳନ୍ତା
ସଂସାରମୟ ଆବର୍ଜନାର ଅନ୍ଦିକନ୍ଦିରେ।
ଯେତେସବୁ କ୍ରୂରତାର ବକ୍ରଭ୍ରୂଲତା
ନୀଳ ଭୁଜଂଗୀ ହେଇ
ଭଙ୍ଗୀରେ ଚାହାନ୍ତା,
ପଥରପାଲଟିଥିବା ହୃଦୟକୋଣରେ
ଧକ୍‌ଧକ୍ ହୋଇଉଠନ୍ତା ହୃତ୍‌ପିଣ୍ଡଟେ
ନାଚିଉଠନ୍ତା ବସୁଧା
ଘୁଙ୍ଗୁର ବାଜୁଥା'ନ୍ତା ପାହାନ୍ତି ପକ୍ଷୀଙ୍କ ଉଲ୍ଲାସରେ
ଠରାଠରି ହୁଅନ୍ତେ ପତ୍ରମାନେ
କ'ଣ ଗୋଟେ ଅଗଜିଭରେ
ଅଟକି ଛପିଯାଇଥିବା କଥାକୁ
ପରଖି ନିଆଯାଆନ୍ତା ରାଜସଭାରେ -

ମହାରାଜ,
ମୁକୁଟର ସଂପର୍କ ଥାଏ କି
ରକ୍ତ ଆଉ ନିଃଶ୍ୱାସ ସାଥିରେ ?
କିଛି ଦାମ୍ ଥାଏ କି ମୁକୁଟର
ସବୁତକ କରଜ ଶୁଝିଲା ପରେ
ଶୋଇଗଲାବେଳେ
ଲୁହବତୁରା ଭୂଇଁଶେଯରେ ?

■

କିଏ କହିବ ?

ପଣସପତ୍ର ଉପରୁ
ଉଠ୍ ଉଠ୍ ହଉଚି ଖରା
ଚଢ଼େଇଙ୍କ ଡାକ
ଅବିର ମୁଠାକ ପରି
ବୁଣିଯାଉଚି ପବନରେ
ସେତିକିବେଳେ
ଫେରିଯାଇଚି ଯିଏ
ଦେଖିଚ ତାକୁ ?

ଦୀର୍ଘଶ୍ୱାସ ସହ ହାତ ମିଳାଇ
ସେ ପହଞ୍ଚିଥିଲା
ଆବିଷ୍ଟ ମନ୍ତ୍ରମୁଗ୍ଧ
ପଶିଗଲା ଘରକୁ
କ'ଣ ଖୋଜିଲା, ଝୁରିହେଲା
ବୁଝିପାରିଲି ନାହିଁ ମୁଁ।

ଭାତହାଣ୍ଡି ପରି
ଟକ୍‌ମକ୍ ଫୁଟିଥା'ନ୍ତି ବୋଧେ
ଫୁଟିଲି ନାହିଁ,
ପାଣିଗ୍ଲାସ୍ ପରି ଉଚ୍ଛୁଳିଥା'ନ୍ତି ବୋଧେ
ଉଚ୍ଛୁଳିଲିନି –

କୋଉ ଶତାବ୍ଦୀ ତଳୁ
ଏଇ ମାଟିରେ ପଣତ ବିଛାଇ
ଶୋଇ ରହିଚି ମୁଁ
ନିର୍ବିକାର ଆକାଶ
କାକର କୁଢ଼େଇ ଚାଲିଚି ମୋ ସ୍ନାୟୁରେ
ରାତିଅଧର ଚଢ଼େଇ
ଡାକିଉଠିଚି ତା' ନାଁ ଧରି ତ
ତାରା ଖସିପଡ଼ିଚି
ଗଙ୍ଗଶିଉଳି ମୂଳରେ ।

ମୁହୂର୍ତ୍ତ ଗୋଟିଏ
ଗୋଡ଼ ଲମ୍ବେଇ ବସିରହିଚି
ସେଇଠି, ନଈକୂଳରେ
ଲାଲ୍‌ଫୁଲରେ ସଜେଇଦେଇଚି ବେଣୀ
ଗୁଣୁଗୁଣୁଟିଏ
ଡେଣାପିଟୁଚି ତା'ର ଓଠମୂଳେ,
ପ୍ରତିଧ୍ୱନିର ଛାଇ
ହାତଗୋଡ଼ ଛାଟି
ପହଁରୁଚି
ସ୍ଥିର ଜମାଟ ସୁଅ ମୁହଁରେ ।

କିଏ କହିବ
ପାହାଡ଼ ଉପରେ
ଖରାକୁ ଅଡ଼େଇନଉଥିବା
ନାଲିଖଦିପିନ୍ଧା ଜଗୁଆଳିର
ଉଦାସ ନିଃଶ୍ୱାସରେ
ରଣକୁହୁଡ଼ି ଭିଜିଗଲାବେଳେ,
ଥମ୍‌ଥମ୍ ମୁହଁରେ
ସିଏ ଦିନେ ଲେଉଟି ନ ଆସିବ ?

କିଏ କହିବ
ଫଗୁଣର ବୁଦାପରି
ଝଙ୍କେଇବି
କଢ଼ି ନ ଧରିବି ମୁଁ
ସେଇଦିନ ଠିକ୍‌
ସେତିକିବେଳେ !

ରୁକ୍ଷିବସନା

ରୁକ୍ଷିବସନା, ଆସ ।

ପବନ ପରି କି ପବନ ଭିତରର ସୁବାସ ପରି
ତୁମେ ଅଛ ଅଛ ଲାଗ ବୋଲି
ଜାଗିଉଠେ ଶୀତଳ ଦୀଘିଟି ମୁଁ
ଭାବମୟ ରାଜହଂସ ଡେଣା ଖୋଲେ
ବୁନ୍ଦାଏ ସ୍ୱେଦ ତ ବୁନ୍ଦାଏ ରକ୍ତ
ଉଲ୍ଲାସ ଓ କାନ୍ଦ
ଗୋଳିହୁଏ,
ଉଠେପଡ଼େ ମୋର ଶିରାପ୍ରଶିରାରେ ସ୍ରୋତ ।

ପ୍ରପାତ ପରି ଛୁଟି ଆସ ତୁମେ,
ଗୀତପରି ଦୃଶ୍ୟ ହୁଅନି, ଆସ,
ଅନ୍ଧାରର ସମିଧରେ ଜଳିଉଠ ଶିଖାଟିଏ
ଚରିଯାଅ ମୋର ପାଉଁଶିଆ ଅଭାବର ଦିନ ।

ତୁମପାଇଁ
ମୁକୁଟ ହାତରେ ଆବାହକ ମୁଦ୍ରାରେ ହିଁ ଠିଆ
ଭୂମିକୁ ସେଦିନ ବାହୁଡ଼ାଇ ଦେଲି,
ବିଷକୁ
ପ୍ରତାରଣାର ସ୍ନେହରେ ପିଇଗଲି ଆଖବୁଜି,
ଭୟଙ୍କର ଗହ୍ୱରରୁ ଉଠିଆସିଲି

ବିହ୍ୱଳତାର ଶିଢ଼ିରେ,
ସଜାଡ଼ି ଧରିଲି ପଦ୍ମକୋରକ ଆଂଜୁଳା
କିଶୋରୀ ବୟସରେ।
ସିଆଣା ଚାହାଣିରୁ
ସୌଦାଗରୀ ଲୋଭରୁ
ହାଇଁପାଇଁ ଯଶରୁ
ଆପଣା ଡିଣ୍ଡିମର ପଟୁଆରରୁ
ଅଲଗା ହେଇ ଠିଆହେଇଚି ସେବେଠୁଁ
କିଶୋରୀ ବୟସରୁ।

ସୂର୍ଯ୍ୟ ଏବେ ଢଳିପଡୁଚି ଦେଖ
ଲାଲ ଟକ୍ ଟକ୍ ହୃତ୍‌ପିଣ୍ଡ ତା'ର
ଖସିପଡୁଚି ପାହାଡ଼ ଉପରେ
ପାଦଦେଶର କ୍ରମାନ୍ଧକାରରେ ମୁଁ
ଗୋଟି ଗୋଟି ଛାଡ଼ିଦେଇଚି ସଭିଙ୍କୁ
'ବିଦାୟ' ବୋଲି କହିଚି
ବା ନ କହିଚି କାହାକୁ।

ଥରେ ତୁମକୁ ଧରିଥିଲି ଲାଗୁଚି
ପାରଦମୁଠାରେ ଧରିବା ଲକ୍ଷଣ ଛଡ଼ା
କିଛି ନୁହଁ
ମନପବନ କଠଉର ଦକ୍ଷତାରେ
ଅଗମ୍ୟ ବୋଲି କିଛି ନଥିଲା ମୋର,
ଧରିଥିଲି ଛାତିରେ
ଗଛପତ୍ରକୁ ଯେତିକି
ମଣିଷକୁ ସେତିକି
ପତଙ୍ଗଟିକୁ ବି ସେତିକି ନିବିଡ଼ରେ।

ଚେତନାର ଚର୍ବିଳ ଘେରକୁ
ଅପସନ୍ଦ ତୁମର ଭାରି
ହଟଚମଟ ବିଦ୍ୟାକୁ, ଛଦ୍ମବେଶକୁ
ଘଷରା ଦର୍ପଣକୁ, ତୁମେ ଘୃଣାକର ବୋଲି
ଜାଣିଥିଲି ତ
କୋଉ ଦୋଷରେ ରୁଷି ବସିଲ, କୁହ।
ତୁମକୁ ଧରିଥିଲି କି ଧରିନଥିଲି ଆଦୌ
ବିଡ଼ମ୍ବିତ ଆଭାସଟିଏ କେବଳ
ଛନ୍ଦିଦେଇଥିଲା ମୋର ସର୍ବାଂଶ
କିଏ ଜାଣେ
ସାରାଟା ଜୀବନ କ'ଣ ସରିଗଲା ଏମିତି
କୃପଣତାରେ ତୁମର ?

ଭସାବଉଦପରି ଅସ୍ଥିର ଏ ଆୟୁଷ
ନିସ୍ତବ୍ଧ ନିଶାର୍ଦ୍ଧ ପରି ଚେତାଭୂମି
ଜଙ୍ଗଲରେ ଲୁଚିଛପି ବୋହୁଥିବା
ଝରଣା ପରି
ତୀବ୍ର ଆବେଗ ତା'ର
ସବୁତକ ସ୍ୱପ୍ନ ଆଉ ସବୁତକ ହଁ, ନା
ସବୁତକ ବିଡ଼ମ୍ବନା
ଫିଙ୍ଗିଦଉଚି, ହେଲା ତ,
ଏଥର ଆସ, ରୁଷି ବସନା।

ହାରିଯାଅ ନାହିଁ

ଆକାଶଟା ମସ୍ତ ମହୁଫେଣା
ତାରାର ଅସଂଖ୍ୟ କୋଠି ଗୁମ୍‌ସୁମ୍
ମହୁଝରେ ଭିଜିଯାଏ
ଜନପଦ, ବନପଥ
ଚିହ୍ନା ଓ ଅଚିହ୍ନା ।

ତୁମେ ମୋତେ ଖୋଜୁଚ କି ?
ଆଖି ନାହିଁ, କାନ ନାହିଁ
ମୁଁ ବି ଏଠି ନାହିଁ ।

ଝାପ୍‌ସା ଅନ୍ଧାରରେ
ମହୁଲଗଛ ମୂଳରୁ
ଭଙ୍ଗାରୁଜା ସ୍ୱପ୍ନଙ୍କୁ ମୁଁ ଗୋଟାଉଛି
ସଜାଉଛି ରଣକୁହୁଡ଼ିକୁ
ଶିରଶିରେଇ ପତ୍ରମାନେ ପଚାରୁଛନ୍ତି ଯେ
କାହିଁକି ମୁଁ ମୁହଁ ବୁଲାଇ ନେଉଛି
ବାସ୍ନାଭିଜା ଅରୁଣବର୍ଣ୍ଣଠୁଁ ?

ଅରୁଣ ରକ୍ତର ରଙ୍ଗ
ଦୀର୍ଘନିଃଶ୍ୱାସର
ମଂଜିଷ୍ଠାର, ଲାଜାନୁରାଗର
ମୁଁ କାହିଁକି ମାନିନେଉନାହିଁ ?

ହଠାତ୍ ଯଦି ଜହ୍ନରାତିଟିଏ
ମୋ ସାମ୍ନାରେ ଦୁଇହାତ ମେଲାଇ ଆଗୁଳେ
ପଚାରେ ବି
"ମୁଁ କି ନିଃସ୍ୱ ହେଇଯିବି
ତୁମେ ମୋତେ ସ୍ୱୀକୃତି ନଦେଲେ ?"

ତୁମେ ମୋତେ ଶୁଣୁଚ କି ?
କାନ ନାହିଁ, ଓଠ ନାହିଁ
ମୋ ସ୍ୱର ବି ଜମା ଶୁଭୁ ନାହିଁ।

ପତ୍ର ଝଡ଼ି ଉଡ଼ିଯାଏ
ତଥାପି ବି ଗଛ
ଲାଲ୍ ଲାଲ୍ ନୂଆ ପତ୍ର ଛତାଧରି
ପାରିଧିକି ଡାକେ
ଅନୁରାଗର ହୃଦୟ ଶରବିଦ୍ଧ
ଖଣ୍ଡ ଖଣ୍ଡ ହେଲେ
ସେଇ ରକ୍ତ ଟୋପା, ସେଇ ଭୂମିଠାରେ
ଘୁମନ୍ତ ଆବେଗ ପୁଣି ଶିଖା ଟେକି ଉଠେ।

ଜହ୍ନ ପୁଣି ଛିଡ଼ିଯାଏ ବୁଡ଼ିଯାଏ
ପୁନର୍ବାର
ଗୋଲ୍ ଭୋକଟିଏ ହୋଇ ଉଠେ
ତୁମେ ତେଣୁ ହାରିଯାଅ ନାହିଁ।

ଅନ୍ଧାର ସବୁକିଛି ନୁହେଁ

ଗୋଧୂଳିର ନକ୍ଷତ୍ର ପରି
କଅଁଳି ଆସୁଥିବା
ଆଶା ଆଡ଼କୁ ଅନାଅଁ
ଅନ୍ଧାର ସବୁକିଛି ନୁହଁ ।

ଅନ୍ଧାରର ଗୁମ୍‌ସୁମ୍ ନିଃଶ୍ୱାସ ଭିତରେ
ସକାଳ ଖୋଲିଦବ ତା'ର
ନଗ୍ନ ଉଜ୍ଜ୍ୱଳ ଦେହ
କୋରଡ଼ ଭିତରେ ସାଂକୁଡ଼ିଥିବା
କପୋତ ଡେଣା ଝାଡ଼ି
ବୁଣିଯିବ ଚଞ୍ଚଳତା
ଆକାଶ ସାରା -

ଫାଟ ଭିତର ଜମାଟ ଅନ୍ଧାରରୁ
ମୁହଁ ଟେକିବ କୁନିଫୁଲ
ଭୟ
ଭଙ୍ଗାଡେଣାର ପର ଗୋଛାକ ପରି
ଖସିପଡ଼ିବ ତଳକୁ
ଏମିତିକି
ଅରମାରେ
ପଡ଼ିଥିବା ବୀଜଟି ଭିତରୁ

ଚମକିଉଠିବ ସୂର୍ଯ୍ୟ
ବାଟୋଇ ଅଟକିଯିବ ଘଡ଼ିଏ
ବିଶ୍ୱାସ କର,
ଅନ୍ଧାର ସବୁକିଛି ନୁହେଁ।
ଅନ୍ଧାର ଲିଭାଇଦେଇଚି ଯଦି
ପୁଣି ଲେଖିଦିଅ ନାଆଁ
କୋଉଠି ନା କୋଉଠି,
ନିଆଁର ରାସ୍ତାରେ ଯାଉଚ ଯଦି
ମୁଣ୍ଡ ଟେକି ଚାଲ,
କାଦୁଅରେ ଚାଲୁଚ ଯଦି
ସ୍ପନ୍ଦିତ ଆତ୍ମା-ବିନ୍ଦୁକୁ
ମୁଠେଇଧର,
ଖୁବ୍ ଗଭୀରରେ
ରକ୍ତ ଝରୁଚି ଯଦି
ଲୁହ ଝରୁଚି ଯଦି
ପୋଛିଦିଅନା।
ଅନନ୍ତ ଜଳରାଶି ଭିତରେ
ଛୋଟ ଏକ ଦ୍ୱୀପ ପରି
କଂପୁଚି ଯଦି ହୃଦୟ
ଭାଙ୍ଗିପଡ଼ନା।

ସୁନ୍ଦର ମିଛର
ଝଲମଲ ଯେ ଦୁନିଆଁ
ପାଣିଫୋଟକାରେ
କ୍ଷଣ ନାଚ ଭିତରେ
ଅମୃତ୍ୟୁ-ଜଳଘଟଟି
ଠାବ କରିଚ ଯଦି
ମିଛ ମଣନା।

ସ୍ୱପ୍ନ ସରିନି ଏଯାଏଁ

ସ୍ୱପ୍ନ ସରିନାହିଁ, ଆସ
ରାତିର ବୟସ
ଏବେ ବି ତେଜି ରହିଚି, ଆସ।

ଅବିଶ୍ୱାସ ବିଛେଇ ରହିଚି ଏଯାଏଁ
ନିରୁତାଶୋଷ ସାମ୍ନାରେ ମରୁବାଲି
କ୍ଳାନ୍ତ ସ୍ତ୍ରୀଲୋକର ମୁହଁରେ
ପଢ଼ିହେଉଛି ପରାଜୟର ଅକ୍ଷର
ସେ ମୁହଁ
ମୋର ନୁହଁ।

ବିସ୍ତର ଉଚ୍ଚା, ନୀଳ ସାମିଆନା କୋଣରେ
ମୁଁ ଅଠାମାରି
ଲଗେଇଦେଇଚି ଜହ୍ନକୁ
ଡୁବ୍ ଡୁବ୍ ହଉଚି ସେ କେତେ କାଳୁ
ଯିବାକୁ ଦେଇନି ତାକୁ।

ଅନ୍ଧାରର ଖଳଖଳ ସୁଅରେ
ବତୁରିଯାଇଚି ମାଟି
କୁହନା ଶେଷକଥାଟି ତଥାପି
ଶେଷ ବୋଲି କିଛି ନାହିଁ
ସରିଯାଇନି କିଛି

ଅସ୍ତରାଗର ପାଉଁଶ ଭିତରେ
ଖସିପଡୁଥିବା ସୂର୍ଯ୍ୟକୁ
ଉଠାଇ ଆଣିଚି ମୁଁ
ନିୟତିର ଖାମଖିଆଲି ଆଙ୍ଗୁଠି
ନଇଁ ଆସିଚି ମୋର କପାଳକୁ
ନୁଖୁରା ବାଳକେରାଏ ପରି
ମୁଁ ଛାଟିଦେଇଚି ତାକୁ
ଥରକୁ ଥର ପଛକୁ।

ସମ୍ଭାବନାର ସରୁ ଖିଅଟିକୁ
ହଜେଇ ସାରିଥିବା ହାହାକାରର
ଛାତିରେ ମୁହଁ ରଖି
ଚୁପ୍ ଚୁପ୍ କହିଲାଗିଚି
'ଧୈର୍ଯ୍ୟ ଧର୍ ଜୀବନ, ଦେଖ୍ ମତେ,
କ'ଣ ଅଛି ମୋ'ର ?
ଯେ ଶବ୍ଦର ମୁକୁଟ
ଐଶ୍ୱର୍ଯ୍ୟର ମାଟିଘଟ
ଯାହା ପାଇଚି, ହଜାଇଚି ଖୋଜିଚି
ପାଇଚି ପୁଣି ହଜାଇଚି
କେଜାଣି କେତେବାର
ଧରିପାରିନି ମୁଠାରେ
ଯେ ଯେ ପାରଦର ଚପଳ ଖେଳ।'

ଭୁଲିଯାଅନା ତଥାପି
ମୋ ତୃଷାରେ ଫାଟିଯିବାର ଗଭୀରତା ଅଛି
ମୋ ରକ୍ତରେ ଅଛି
ଜାଳିଦେବାର ଉଷ୍ମତା, ଉଜ୍ଜ୍ୱଳତା
ଆକଣ୍ଠ ବିହ୍ୱଳତା ଅଛି ମୋ ଆବେଗର
ଆଖି ପାଉ ନଥିବା ଶୂନ୍ୟତା ସେପଟେ

ଉଇଁ ଆସୁଚି ରେଖାଟିଏ ସମ୍ଭାବନାର।

ସଚରାଚର ନିଶାର୍ଦ୍ଧ
ଚମକି ତେଜି ଉଠୁଚି
ଛାୟାପଥ ଉପରେ ଚାଲି ଯାଉ ଯାଉ
ଅଟକିଯାଉଚି କିଏ, କହୁଚି,
ସ୍ୱପ୍ନ ସରିନି ଏଯାଏଁ
ତେଜିରହିଚି ରାତିର ବୟସ, ଆସ।

■

ନିଆଁ

ଝକ୍‌ମକି ପଥରରୁ ଛିଟ୍‌କିପଡ଼ିଲାବେଳୁ
ସେ ଝୁଲିପଡ଼ିଚି ମୋର ଗଳାରେ
ସେଇଦିନୁଁ ଜଳିଚି ମଝିସମୁଦ୍ର
ଅଗ୍ନାଗ୍ନି ବନସ୍ତ
ସୂର୍ଯ୍ୟରେ ନୀହାରିକାରେ
ଜଳିଚି ସେ
ମୋ ଗର୍ଭରେ
ମୋ ହୃଦୟରେ ।

ଜାଣିଚି, ନିସ୍ତାର ନାହିଁ ତା'ଠୁଁ ।
ପୋଡ଼ା ମାଟି ଘଟ ଯେ
ଯା'ର ବି ଖାତିର ନାହିଁ ନିଆଁକୁ ।

ଦିନେ, ଠିକ୍ ରାସ୍ତା ମଝିରେ
ଅନହୁତି ତାକୁ
ପୂରେଇଦେଲି ଅଣ୍ଟିରେ
ଜଳିଗଲା ଶାଢ଼ି ମୋର
ଦରଜ ଭେଦିଗଲା ଛାତିର ଗହୀରରେ ।

କେତେଥର ଆସିଲି ପୁଣି
କେତେ ରଙ୍ଗ କେତେ ନକ୍‌ସାର
ହୁଗୁଳା ଶାଢ଼ିରେ
କେତେ ଶତାବ୍ଦୀର ପାହାଚ ଉପରେ

କ୍ଷୀରରଂଗର ପାଦ ଥାପିଲି
ଭିଜାଇଦେଲି ମାଟି
ଶୂନ୍ୟ ଦିଗକୁ ଛାଟିଦେଲି
ଆକୁଳ ବାହୁ ଦୁଇଟି
ଥରକୁଥର
ଠିକ୍ ସେମିତି ଭରିଦେଲି ଅଣ୍ଟି
ଦରଜର ପୁନରାବୃତ୍ତି ।

ଆହୁରି ବି
ଶୂନ୍ୟରୁ ସେ ଡେଇଁପଡ଼ିଲା ଥରେ
ଜାଳିଲା ପୋଡ଼ିଲା
ଭାବରେ ଅଭାବରେ
ଅହୋରାତ୍ର ଜଳିଲା
ଅନ୍ଧାରରେ ଆଲୁଅରେ
କଳାକଉଡ଼ି ପରି ଆଖି
ଗଜାପତ୍ର ପରି ସବୁଜ ଅରୁଣ ଓଠ
ଅଧେ ଲୁହ ଅଧେ ହସ
ନହକା କ୍ଷେତର ଉର୍ବର ନିଃଶ୍ୱାସ
ଜଳିଗଲା ଦେଖାରେ ଅଦେଖାରେ –
ମନୋହର ସେ, ହାହାକାର ସେ
ଧରିଲେ ଜାଳେ, ଛାଡ଼ିଲେ ଜାଳେ
ପାଉଁଶ କେବେ ମିଶେ ପାଣିରେ ତ
କେବେ ରକ୍ତରେ ।

ପଚାର ନା
ତା' ନାଆଁ, ଗାଆଁ, ଠିକଣା
ସେ ଯେ
କେବେ କାହାରି ବଶ ହୁଏନା ।

■

ଅଧା ଅଧା ନକ୍ଷତ୍ର

ପାହାନ୍ତାଟିଏ ମାଗିଥିଲି ନା
ଭାଗକରିନେବ ବୋଲି
ତୁମ ମୋ ଭିତରେ ଠିକ୍ ଅଧା ଅଧା ?

ବଡ଼ ନୁହଁ କି ସାନ ନୁହଁ
ନିକିତିରେ ତଉଲିବ -
ଯେମିତି ଦୁଇଫାଳ ଜହ୍ନ
ଯେମିତି ଦୁଇଫାଳ ଦର୍ପଣ
କି ଦୁଇଫାଳ ଓଠ
ଯୋଡ଼ିଦେଲେ ହେଇଯାଆନ୍ତା ପୂର୍ଣ୍ଣତା
କିନ୍ତୁ ଯୋଡ଼ିହୁଏନା ଜମା ।

ମୁଁ ସାଉଁଟିନେଲି ନିଜକୁ
ଦୁଇଫାଳ ଚିରିଯାଉଥିବା ହୃଦୟଠୁଁ ମୋର
କାଳେ ଗାଧୋଇପଡ଼ିବି ରକ୍ତରେ
କାଳେ ରାସ୍ତାକଡ଼ ଗଛ ଡାଳରେ
ଲଟ୍‌କିଥିବା ସଂଧ୍ୟାତାରା
ବୁଡ଼ିଯିବ ସେ ରକ୍ତଧାରରେ !

ବୁଡୁ, ବୁଡ଼ିଯାଉ
ବୁଡ଼ିଗଲେ ତ ଉଠିବ ପୁଣି
ବାଣ୍ଟିନେଇପାରିବି ନାହିଁ ମୁଁ

ପାହାନ୍ତାଟିକୁ କାହିଁକି
ତୁମ ସାଥିରେ, କେବେହେଲେ ?

ଅଭିଯୋଗ ଅବୋଧ ସବୁକାଳେ ।
ଶକ୍ତିନାଇଁ କିଏ ସେ ବୁଝେଇଦବ
କାହିଁକି ବାଣ୍ଟିହବନି ଏଇଲେ
ନିଃଶ୍ୱାସକୁ, ବିଶ୍ୱାସକୁ ଶୁକ୍ରତାରାକୁ
ତୁମ ମୋ ଭିତରେ ।

ସେ ଦିନଠୁଁ
ଅସଂଖ୍ୟ ପାହାନ୍ତା ପହର
ଉଡ଼ିପଳାଏ ପକ୍ଷୀରାଜ ଘୋଡ଼ାରେ
'ଆହିର ଭୈରବ' ରାଗର
ମଂଜଦେଶରୁ
ଠୋପା ଠୋପା ରକ୍ତ ଝରେ ।

ଫାଳେ ଜହ୍ନ
ଅଷ୍ଟମୀ ନାଁ କଅଣ
ତିଥି ଅତିଥି ମାନେନା
ଛୁଟିଥାଏ ମୋ ପିଛାଧରି ସେଦିନୁଁ
ସବୁ ରହେ ଅଧା, ସବୁ ଅପୂର୍ଣ୍ଣ ।

ଅଥଚ, ନଥିଲା କ'ଣ ?
ଅର୍ଥର, ପରମାର୍ଥର ଯଶର
ନହେଲେ ଜର୍ଜର ଲାଳସାର
କେତେ ହଳଦିଆ ପାଣ୍ଡୁର ଦି'ପହର
ମଧ୍ୟରାତ୍ରିର କୋଳାହଳ
ଏ ସବୁରୁ କିଛି ଗୋଟେ
ମାଗିନେଲନି କାହିଁକି ?

କାକରର ଟୁପ୍‌ଟାପ୍‌କୁ
ଫାଟି ଆସୁଥିବା ଅନ୍ଧାରକୁ
ଫୁଲଙ୍କ ଓଠ ମେଲିଲା କ୍ଷଣକୁ
କାହିଁକି ମାଗିବସିଲ, କହ ତ,
ଏମିତି ପାହାନ୍ତାଟିକୁ !

ମୁଁ ଯେ ଭାଗକରିନେବି ଭାବିଥିଲି
ପ୍ରତିକ୍ଷଣ, ପ୍ରତିଟି ସ୍ପନ୍ଦନକୁ
ପ୍ରତିଟି ପୁଲକ ବାଣ୍ଟିସାରିଥିଲି
ଅଧା ଅଧା,
ନହେଲେ ବେଶି ଭାଗ ତୁମକୁ -
କଇଁଫୁଲପରି ତୋଳିଆଣିଥିଲି
ନଦୀ ହେଉ କି ତଡ଼ାଗ
କି ସମୁଦ୍ର ହେଉ
କି ପାପୁଲିର କୁନିଦର୍ପଣ ହେଉ
ଯେଉଁଠି ବି ଫୁଟିଥିବା
ପ୍ରତିବିମ୍ବକୁ !

ଅପେକ୍ଷା କରିପାରିଲ ନାହିଁ ତୁମେ
ଫାଟିପଡ଼ିଲା ଅଂହକାର ତୁମର
ଏଣେ ଯେ ଭାଙ୍ଗିପଡ଼ିଲା
ବିଂଚିଗଲା ଟୁକୁରା ଟୁକୁରା
କେତେ ଯନ୍ତ୍ରଣାର ମଧୁରତା
କେତେ ସତ, କଳ୍ପନା କେତେ
କେତେ କେଜାଣି ପାହାନ୍ତା
କେତେ ଶୁକ୍ରତାରା !

■

ତୁମେ ଅଛ

ତୁମେ ଅଛ
ସେତିକି ଯଥେଷ୍ଟ
ନିଶାର୍ଦ୍ଧର ଶଯ୍ୟାରୁ
ହାତ ବଢ଼େଇଲେ ଛୁଇଁହଉଚି ତୁମକୁ
ଡାକିଦେଲେ
ଫେରିଆସୁଚି ପ୍ରତ୍ୟୁତ୍ତର
ନିର୍ବୋଧ ମୁଁ
ବୁଝିପାରିନାହିଁ କଷ୍ଟ କେତେ ତୁମର !

ପରାର୍ଦ୍ଧ ପର୍ବତ ଉପରେ
ଜଳୁଥାଏ ପରାର୍ଦ୍ଧ ଦିହୁଡ଼ି
ଏକାକିନୀ ସ୍ତ୍ରୀଲୋକ ଗୋଟିଏ
କଂପୁଥାଏ ଅନ୍ଧାରରେ
ପାଦଦେଶରେ ।

ମହୋଦଧି ବାଲିଶେଯରେ ଏଣେ
ଶୋଇଥାଏ ମଦାଳସା
ପାଗଳ ପବନ କୁଦିପଡ଼େ
ନିଦ ଭାଙ୍ଗିଦିଏ
ସମୁଦ୍ରର ଅତଳତଳରେ
ଘୁମେଇଁପଡ଼ିଥିବା ଆକାଶର
ଚନ୍ଦ୍ରର, ତାରାର ।

କଲିଜାର ଗୋଟି ଗୋଟି କ୍ଷତ
ଯାହା ମତେ ନିଶ୍ଚିହ୍ନ
କରିବାକୁ ଯଥେଷ୍ଟ
ସେସବୁକୁ ନିଭାଇଦିଏ ମୁଁ,
କେତେ ଆକ୍ରୋଶ ଓ ତିରସ୍କାର
କେଉଁ ନିବିଡ଼ ବୁଝାମଣାରେ
କ୍ଷମାକରିଦିଏ କେଜାଣି,
ବୁନ୍ଦାଏ ଲୁହ ପରି ତ ମୁଁ
ନିଜ ଓଜନରେ ନିଜେ ଅସମ୍ଭାଳ
କେବେ ଅବା
ଔଷଧି ବୃକ୍ଷଟେ ପରି ଜ୍ୱଳଜ୍ୱଳ
କେବେ ପୁଣି
ଘଞ୍ଚ ଅରଣ୍ୟର
ଅଭ୍ୟନ୍ତରଟି ମୁଁ
ସଦ୍ୟ ଆଗତ ବସନ୍ତଋତୁ ତୁମେ
କି ଅପୂର୍ବ ପଦପାତ ତୁମର !

■

ଥରକୁ ଥର ପାଏ

ଦୁଇଟି ଛାୟାପଥ
ପରସ୍ପର ବିପରୀତରୁ
ଛୁଟିଆସିଥିବା ନିଃଶବ୍ଦତାରେ
ମୁଁ ଚମକିପଡ଼େ,
ପାହାନ୍ତା ରାତିରେ
କିଛି ଖୋଜେ,
ଯାହା ଖୋଜେ
ତା' ସାରା ଜୀବନ ଅର୍ଥ ବୋଧହୁଏ
କିଏ କେଉଁ ଅର୍ଥରେ ବୁଝେ
ସବୁବେଳେ ମୁଁ କିନ୍ତୁ
ଅର୍ଥକୁ ବୁଝେ ନିରର୍ଥରେ।

ଅହଂକାରର ପଥର ଭିତରେ
ଫୁଟୁଥାଏ ପାଣିବୁନ୍ଦାଏ
ଶରତ୍‌ର ଗଙ୍ଗଶିଉଳି ପରି
ମହାବୃକ୍ଷରୁ ଝରିପଡୁଥାଏ
ଗୋଟି ଗୋଟି ସୂର୍ଯ୍ୟ ଚନ୍ଦ୍ର,
ପାଚିଲା ପତ୍ର
ନିରକ୍ତ ଗଳିପଡୁଥାଏ କ୍ରମଶଃ -
ପ୍ରତିପତ୍ତିର ଗର୍ଜନ
ଆଟୋପ ଆଡ଼ମ୍ବର
ସବୁକୁ ଚିରିପକାଇ

ଫିଙ୍ଗିଦିଏ ମୁଁ ଛିନ୍ନଛତ୍ର
ଉପହାସ ଇଙ୍ଗିତର ଅନ୍ତରାଳେ
ସାକ୍ଷାତପାଏ
ସମର୍ପଣର -
କଂପିତ ନାସାଗ୍ର
ଦରଦର ଭ୍ରୂଲତା
ରାଗମୟ ଓଷ୍ଠାଧର
ଉଠ୍‌ପଡ଼୍ ଛାତି
ଉଦଗ୍ର ଆକୁଳ ବାହୁ
ନବଯୌବନର -

ମୁଁ ପାଏ, ତୁମକୁ ପାଏ
ମୋର ଏକାକୀତ୍ୱ
ମୋର ହାହାକାର ଭିତରେ
ଥରକୁ ଥର ପାଏ
ମନଇଚ୍ଛା ବ୍ୟବହାର କରେ
ଅନୁପସ୍ଥିତିକୁ ତୁମ
ଗଢ଼େ ଭାଙ୍ଗେ
ରଙ୍ଗବୋଳେ
ବଳି ଦିଏ, ଭୋଜ ଦିଏ
ସ୍ତୁତି ପଢ଼େ
ବିସର୍ଜନ କରେ ।

ଉଇଁବାର ବେଳ

କାହାରି ଖୋଜିବାର ନାହିଁ।

ବହୁ ଆଗରୁ
ମୁଁ ଜଣାଇସାରିଚି ପୃଥ୍ୱୀକୁ
ଯେ ମୁଁ ଏଠି କୋଉଠି ନାହିଁ।

ଏମିତିରେ
ଧୂର୍ତ୍ତ ବଣିକର ସାମ୍ନାରେ
ମୁଁ ଚାହେଁନା ଠିଆହେବି -
ଅବିଶ୍ୱାସର ଅନ୍ଧାର ଭିତରେ
ମୂର୍ଖର ବିଚାର ବେଷ୍ଟନୀରେ
ପଡ଼ିବ ମୋର ପାଦଚିହ୍ନ।

ପାଗଳ ପରି ଧାଉଁଥିବା
କୋଳାହଳରେ ଗର୍ଜୁଥିବା
ଡିଣ୍ଡିମ ପିଟୁଥିବା
ଡାକବାଜି ପ୍ରଚାର ଭିତରେ
ଶୁଣାଯାଉ ମୋର ନାଆଁ
ଯା ମୁଁ ଚାହେଁନା -

ଅଗ୍ନାଗ୍ନି ବନସ୍ତ ମଝିରେ
ଅରାଏ ପାହାଡ଼ ତଳେ
ଖସିପଡ଼ିଥିବା
ଶୁକ୍ରତାରାର ରକ୍ତଧୂଆଁ ଭୂଇଁରେ ନିଶ୍ଚେ
ପଡ଼ିଥିବ ମୋର ପାଦଚିହ୍ନ
ନହେଲେ ମଝିରାତି ସହରୀ ରାସ୍ତାରେ
ଥମ୍‌କି ଠିଆହେଇଥିବା

ପବନ କୋଳରେ
ବିଛେଇ ଉଡୁଥିବ ମୋର କେଶରାଶି ।

ବତିଖୁଣ୍ଟରୁ ଝରିପଡୁଥିବା
ପୋକଙ୍କ ଉଦଗ୍ର ଆଶାକୁ
ଆଉଁସି ଲାଗିଥବ ମୋର ଆଶ୍ୱାସନା
ବସ୍ତି କୁଡ଼ିଆର ଖତରା ଟିଣ ଛାତରେ
ଲାଖିରହିଥିବ ମୋର ଲୁହଦାଗ -

ଅକଳନ ଦୂରତାରୁ ଉଡ଼ିଆସୁଥିବା
ନୂତନ ଛାୟାପଥର
ଆଂଜୁଳାଏ ଶୂନ୍ୟତା ଭିତରେ
ଧପ୍ ଧପ୍ ଜଳୁଥିବ
ମୋରଉରତ୍ନମୁଦି,
ପୃଥ୍ୱୀ ଆଖି ବୁଢ଼ିବା ପୂର୍ବରୁ
କଥା ଦଉଚି, ମୁଁ ଆସିବି ।

ସତକୁ, ତେଜକୁ, ପ୍ରତ୍ୟୟକୁ
ପ୍ରତିଟି ଅବୟବରେ ଖଞ୍ଜି
ପଥରରେ
ପ୍ରୟୋଜନରେ
କୃପାଣରେ
କୃପଣତା ଭିତରେ
ହୃଦୟ ଖୋଜି ମୁଁ ଆସିବି -
ଶୁକ୍ରତାରାର ରକ୍ତରଂଜିତ
ପୂର୍ବାଶାରେ ଉଷାୟିତ ହେବି
ଉଇଁଉଠିବି ।

ଆଂଜୁଳେ ମାଟି

ମାଟି କାହିଁ -
ଏଡ଼େ ବଡ଼ କଂକ୍ରିଟ ସହର
ସିମେଣ୍ଟ ତିଆରି ଗଛବୃଛ, ପଶୁପକ୍ଷୀ
ଦେଖିଚ ମାଟି ଅଛି କୋଉଠି ?
ଆଂଜୁଳେ ମାଟି...

ସାରା ଦିନ
ସୂର୍ଯ୍ୟକିରଣରେ ଲିପିପୋଛି ପୃଥ୍ୱୀକୁ
ଖୋଜିଚି ମୁଁ
ସାରା ରାତି ତାରାର ଆଲୁଅ ଛିଞ୍ଚି
ଅଣ୍ଡାଳିଚି
ଟଙ୍କାସୁନାର ଫିଟିପଡ଼ିଥିବା ଗନ୍ତାଘର ଆଉ
ଧୂଳି ଧୂଆଁରେ ଚେତାବୁଡ଼ିଯାଉଥିବା
ସହରୀ ହସକାନ୍ଦର ଆଢୁଆଳରେ
ଦେଖିଚ କିଏ
କୋଉଠି ଅଛି ମାଟି ?

କ୍ଷମତାର ସିଂହାସନରେ
କଳାଜରିର କାରିଗରୀ,
ଆଦରର ପୋଷାକରେ
ଲୋଭ ଆଉ ମିଛର ଚାତୁରୀ,
ଜାକିଜୁକି କୋରଡ଼ରେ

ଚଢ଼େଇ ଛୁଆଟି କାନ୍ଦୁଚି କୋଉଠି
ମୁଣ୍ଡ ଟେକୁଚି ବୀଜଟିଏ କୋଉଠି
ଫୁଲ ଫୁଟିଚି, ମହୁ ଝରୁଚି, ଉପୁଜୁଚି ଫଳ -
ଆଂଜୁଳାଏ ମାଟି ପେଟରେ
କେତେ କେଜାଣି ସମ୍ଭାବନା, ବିବିଧତା
କେତେ ଦୀର୍ଘଶ୍ୱାସ, ବିହ୍ୱଳତା
ହଠାତ୍ ଚମକି ସ୍ତବ୍ଧ ହେଇଯାଉଚି ମୁହୂର୍ତ୍ତ।
ଆହା, ଗରଜ ପଡ଼ିଚି କାହାର
ଖୋଜି ଚାଲିବ ଏଇଠି
ଆଂଜୁଳାଏ ମାଟି -

ନିତି ସୁନାପଦ୍ମ ଫୁଟାଉଥିବା ପାଦ
କାହିଁକି ଖୋଜେ ଚାଖଣ୍ଡେ ବୋଲି ମାଟି
ଲକ୍ଷେ ଫୁଲମାଳରେ ପୋତିପଡୁଥିବା ଛାତି
କାହିଁକି ହାହାକରେ
ଲୋଟିପଡ଼େ ମାଟିରେ ?

ରଙ୍ଗଗନ୍ଧର ଏଇ ଦରବାରରେ
ହୀରାନୀଳା ବିପଣୀରେ
ରୋଷଣି ନହବତ୍‌ରେ
କିଏ ମୂଲ କରୁଚି କହ ତ
ଆଂଜୁଳାଏ ମାଟି -

ପବନର ଫାନ୍ଦରେ ପଡ଼ି, ଘର ଉଜାଡ଼ି
ଲୁହର ଲମ୍ୱା ପଣତ ତଳେ
ମୁଁ ସଞ୍ଚି ରଖିଚି ତଥାପି
ଆଂଜୁଳେ ହେବ ମାଟି,
ରକ୍ତ, ମାଂସ, ହାଡ଼,
ଯଶ, ଅଯଶ, ସାଫଲ୍ୟ

ଫିଙ୍ଗି ସାରିଚି ନିଆଁକୁ
ଖାସ୍ ମାଟି ଆଂଜୁଳେ
ସାଇତି ବସିଚି କୋଉକାଳୁ
ସବୁ ଦେବି ତୁମକୁ,
ରାଜା, ମନ୍ତ୍ରୀ, କଟୁଆଳ,
ଦେବି କଂକ୍ରିଟର ନଅର
ସୁନାର ପାଣିଢାଳ,
ପଦ୍ମର ଅତର
ମାଗନା ମତେ,
ପଚାରନା
କୋଉଠି ଅଛି ମାଟି।

ତୁମର ମାଟି ଲୋଡ଼ା କହୁଚ ?
ଲୋଡ଼ା ନାହିଁ କଂକ୍ରିଟ ନଅର, ସୁନାଢାଳ
ପଦ୍ମର ଅତର ?
ରୁହ ତେବେ
ଦେବି ତୁମକୁ
ଆଂଜୁଳାକ ମାଟି
ମୋ ଛାତି ଚିରିକି।

■

ଦେବୀ

ଯାହା ଇଚ୍ଛା ମାଗିନେବି
ତୁମେ 'ତଥାସ୍ତୁ' ଉଚ୍ଚାରିବ, କହୁଚ,
ସାଧାରଣ ଯାଚନାର ବାହାରେ
ତଥାପି ଠିଆହେଇଚି ମୋର ଅଭିମାନ
ମାଗିନେବି କଅଣ ?

କୁବେରର ଗନ୍ତାଘର
ଇନ୍ଦ୍ରଙ୍କ ସିଂହାସନ
ଲକ୍ଷ୍ମୀଙ୍କ ରୂପଲାବଣ୍ୟ
ବାଗ୍‌ଦେବୀଙ୍କ ସାର୍ଥବଚନ
ମୋର ଅଛି କଅଣ
ମୋର ନାହିଁ ବି କଅଣ ?

ଶାଳବଣ ଉପରେ
କଞ୍ଚାସୁନାର ବସନ୍ତ ଋତୁ,
ଅନ୍ତରୀକ୍ଷ ମଝି
ତାରା ପେଟରେ ଆଂଜୁଳାଏ ପାଣି,
ଘାସପଡ଼ିଆ ଭିତରେ
ଅଥୟ ଝିଙ୍କାରି,
ହାଁ ହାଁ କ୍ଷୁଧାର ହାତମୁଠାରେ
କଣିକାଏ ଅନ୍ନ

ମୋର ଲୋଡ଼ା କଅଣ ?
କାପୁରୁଷର ଇଙ୍ଗିତ-ଛୁରୀ
ଚିରିପକାଉଚି ଶାଢ଼ି କାହାର
ଅକାଳ ବଜ୍ରପାତରେ
ପୋଡ଼ିଯାଉଚି କା'ର ଲୁହ
ସବୁ ରାସ୍ତା ଧସିପଡୁଚି
କୋଉ ଗ୍ରହ ନକ୍ଷତ୍ରର ହାତତାଳିରେ ।

ରକ୍ତ ଟୋପାକରୁ
ରାକ୍ଷସ ଗୋଟାଏ ଜନ୍ମନେଉଚି
ସଚରାଚର,
ମୁଁ ଯଦି ଗଢ଼ି ଥୁଅନ୍ତି କିଛି ପ୍ରତିକାର !

ବନସ୍ପତିର ଦୀର୍ଘଶ୍ୱାସକୁ ଛୁଇଁ
ଖୋଜି ଆଣନ୍ତି
ଆକାଶ ମାଟିର ସ୍ନେହବନ୍ଧର ଡୋର
ଉଚ୍ଚାରିପାରନ୍ତି
ଶବ୍ଦ ଓ ଅଶବ୍ଦର ଓଁକାର !

ଦେଇପାରିବ ତ, ଦିଅ,
ସବୁଠାରୁ ଶକ୍ତିଶାଳୀ
ଅସ୍ତ୍ର ତୁମର
ତେଜ, ବୀର୍ଯ୍ୟ, ସୁମନାସର ବର୍ଚ୍ଛା, ତୀର
ମୁଁ ଉଶ୍ୱାସ କରିବି ମହୀ
ସଂହାରିବି କୁତ୍ସିତ କାଳ ।

■

ସୁନ୍ଦରତା

ନବ ଯୁବତୀର କଷି ସ୍ୱପ୍ନକୁ
ସରଳତାକୁ ସ୍ନେହକୁ ସୁନ୍ଦରକୁ
ରକ୍ତର ଲାଲ୍ ରଙ୍ଗକୁ
ବୁନ୍ଦା ବୁନ୍ଦା କରି
ଦିନ ରାତି ମାସ ମାସ
ଢାଳିଲାଗିଥିଲି
ତୋର ନାଭିନାଡ଼ରେ,
ଅଧା ଅଧା କଳ୍ପନା ମିଶାଇ
ଗଢ଼ିଥୋଇଥିଲି
ତୋର କୁନି ଦେହ,
ମରଣାନ୍ତ ଯନ୍ତ୍ରଣାରେ ବିଦୀର୍ଣ୍ଣ ହୋଇ
ଶୁଣିଥିଲି ତୋର ପ୍ରଥମ ସ୍ୱର
ଆଶ୍ଚର୍ଯ୍ୟ ପୁଲକ ରୋମହର୍ଷର।

ଡ୍ରଇଂରୁମରେ ମଲା ମୟୂରର ନାଚ
ବନ୍ଧୁ ମେଳରେ
ହସର ଦୁଇଧାର ଛୁରୀ
ହୃଦୟକୁ
କେବେ ବି ଛୁଇଁନଥିବା
କଥା ଚାତୁରୀ,
ଟଙ୍କା ଥଳିର ରଣଝଣ ସାର୍ଥକତା,
ପ୍ରତିଟି ପାହାଚରେ
ସାମ୍ନାସାମ୍ନି ଭେଟୁଥିବା ମିଥ୍ୟା
ବେଳେବେଳେ
ହତଭମ୍ବ ଠିଆହେଉ ତୁ
ସ୍ଥିରକରିପାରୁନା ନିଜର ଭୂମିକା।

ଅନାଦି ଯୁଗରୁ
ବୋହିଆସୁଥିବା ସୁଅ
ମାନବିକତାର ଉଜ୍ଜ୍ୱଳ ମୁହଁ
ପ୍ରାଣର ସ୍ୱସ୍ତୟନ
ପକ୍ଷୀର ଉଡ଼ାଣ
ଅନ୍ତଃମନର ଉଚ୍ଚାରଣ -
ଏଠି ସତ କଅଣ, ମିଛ କଅଣ ?

ସଭ୍ୟତାର ଅଂଧ ଆଖିରୁ
ଲୁଚିଯାଉଥିବା ମଣିଷପଣ
ଫୁଲରୁ ପକ୍ଷୀରୁ ପରିବେଶରୁ
ସରିଆସୁଥିବା ସୁନ୍ଦର ଗୁଣ
ସତେଜ ରକ୍ତରେ ମୋର
ଏକଦା ଦାନାବାନ୍ଧିଥିବା ସ୍ୱପ୍ନ,
ମୁଁ କେମିତି ବୁଝେଇବି ଯେ
ଯେ ସବୁ ସତ, ଚିରକାଳୀନ !

ନିକାଞ୍ଚନ ଖରାବେଳର
କରୁଣ କ୍ଳାନ୍ତି ଭିତରେ
ସ୍ତବ୍ଧ ହୋଇଯାଆନା, ଝିଅ,
ପାଦ ବଢ଼ା, ଆଗକୁ ଯାଆ ।
ଏକରୁ ଅନେକ ହେବା
ପ୍ରସରିଯିବା
ବିତରିଦେବା
ସତ୍ୟର ଶିଖରରେ
ଶିଖା ଟେକି ଜଳିବା
ଯେ ତୋର ଅନ୍ୟତମ ଭୂମିକା,
ସୁନ୍ଦରତା ଯେ ତୋର ଅନ୍ୟ ନାମ ।

ମୋ ଝିଅ

ଅନ୍ତରର ସବୁ ରଙ୍ଗକୁ ବାଣ୍ଟିଦେଇ
ନିର୍ଘାତ ସାଦାଲୁଗାଟେ ପରି
ଫର୍‌ଫର୍ ଉଡୁଥାଏ ଯେ
ଧୂଳିରୁ ଉଠାଇ ଆଣି ମର୍ଯ୍ୟାଦାକୁ
ତା' ପାଇଁ ସିଂହାସନ ଗଢ଼ି ଥୁଏ ଯେ
ସେ ମୋ ଝିଅ।

ଠୋପା ଠୋପା ସମୟ ଆଡ଼େ
ଆଂଜୁଳା ପତାଇଥାଏ
ଆପଣା କଳିଜାର କ୍ଷତ ଉପରେ ହାତ ଚାପି
ହସହସ ଦିଶୁଥାଏ ଯେ
ସାରା ରାତି ମହମବତୀପରି
ଜଳିଜଳି ସରିଯାଉଥାଏ ଯେ
ଆଖିରୁ କଜଳ ପୋଛୁ ପୋଛୁ
ସ୍ୱପ୍ନଙ୍କୁ ଲୋଚାକୋଚା କରିସାରିଥାଏ
ସରୋଷ ଗର୍ଜନ ଆଉ ହୁଂକାରର
ପୃଷ୍ଠପଟରେ
'ଆହା' ପଦ ଲେଖିପକାଏ ଯେ
ସେ ମୋ ଝିଅ।

ରତ୍ନାଳଂକାର ଓହ୍ଲାଇଦେଇ
ନିଜ ଇଚ୍ଛାରେ

ନିଃସ୍ୱତାର ହାତଧରି ବାହାରିଯାଏ ଯେ
ପୃଥିବୀର ସକଳ ଆକ୍ରୋଶର ଭିତ୍ତି ଉପରେ
ଆତ୍ମବିଶ୍ୱାସର ସ୍ତମ୍ଭ ହେଇ ଜଳୁଥାଏ ଯେ
ଅଗ୍ନିପରୀକ୍ଷାରୁ ଧପ୍ ଧପ୍ ଉଜ୍ଜ୍ୱଳି
ବାହାରିଆସେ ଯା'ର ନାରୀତ୍ୱ
ବୃହସ୍ପତିଙ୍କ ଶବ୍ଦଗଣନାକୁ ମିଛକରି
ନକ୍ଷତ୍ରକୁ ଜାବୁଡ଼ିଧରେ ଯା'ର ତେଜ
ସେ ମୋ ଝିଅ।

କୁତ୍ସିତ କଦାଚାର ଭିତରେ
ନାରଙ୍ଗୀ ଧ୍ୱଜାଟିଏ ପରି ହାତଟେକିଥାଏ
ଉଦ୍ୟତ ଛୁରୀ ଦାଢ଼କୁ
ଟାଣମୁଠାରେ ଆଗୁଳିରଖେ ଯେ
ମାଟିରେ ମଧୁର ଗୁଂଜରଣ ହେଇ
ଆକାଶରେ ସୁବାସର ଚଅଁର ଖେଳେଇ
ନିଃଶବ୍ଦ ଆତଯାତ ହୁଏ ଯେ
ସାରା ଦୁନିଆର ମନ୍ଥନରୁ ଜାତ
ଯୋଉ ବିଷବୁନ୍ଦାକ
ପଡ଼ିଥାଏ ଯାହା ବାଣ୍ଟରେ
ସେ ଅନ୍ୟ କେହି ନୁହଁ
ମୋ ଝିଅ।

■

ପରମ ମାୟାର ଭୂମି

(ଗୋଟିଏ ନବଜାତା ପାଇଁ)

ସବୁ ମାଆଙ୍କର ଯେ ନିଦ ଭାଙ୍ଗିଗଲା ସେଦିନ।
କିଏ ଡାକିଦେଲା କି ?
ଚମକି ଧୁନ୍ଦାଳି ହେଲା ପାହାନ୍ତି ପବନ।

ପାତଳ ଅନ୍ଧାର
ଶୂନ୍ୟରୁ ଖସିପଡ଼ିଲା, ଚୂନାହେଲା
ସକାଳ ତ ନିଜେ
ସ୍ତବ୍ଧ ହେଇ ଅଟକିଗଲା ଘଡ଼ିଏ
ଡାକିଲା କିଏ ?
ମା' - ମା'
ନାଁ କୁଆଁ କୁଆଁ ?

ଅର୍ଥମୟ ଯନ୍ତ୍ରଣାସବୁ ଉଡ଼ିଗଲେ
ତୋ ମାଆର ନିଶ୍ବେତ ଲୋମକୂପରୁ
ଠୋପାଏ ବିସ୍ମୟ ଜମାଟ ବାନ୍ଧିଲା
ତୋ ବାପାର ଅଭିଭୂତ ଆଖିରେ
ସଂଚରିଗଲା ଦିଗ୍‌ବିଦିଗ ତୋର ଡାକ
ତୁ କ'ଣ ସକାଳର ଡଗରପକ୍ଷୀ
କୋଇଲି କି କୁମ୍ଭାଟୁଆ
କି ହଳଦୀବସନ୍ତର ସୁନାକୁହୁକ ?
ଯେକୌଣସି ନବଯୁବତୀର

ଉଲ୍ଲାସର ସ୍ୱର ତୁ
ସ୍ୱପ୍ନର ଅଙ୍କୁର,
ଯେ କୌଣସି ନବଯୁବକର
ସ୍ଥିର ପୁଲକ ତୁ
ମନୋରମ ନିଃଶ୍ୱାସର,
ବେଦନାର ଯୋଗଫଳ,
ଅମୃତର ମହାଦାନ ତୁ
ଦିଗନ୍ତର ଘନୀଭୂତ ନୀଳ,
ବନସ୍ପତିର ପାପୁଲି ଉପରେ
ସବୁଜ ରକ୍ତରେ ଲେଖା ଧାଡ଼ିଏ କବିତା
ଉଚ୍ଚାରଣ ଶବ୍ଦର ରୂପର ।

କିଏ କହୁଚି
ଅନ୍ତରୀକ୍ଷର ରଙ୍ଗବେରଙ୍ଗ ସାଜପରି
ତୁ ମାୟାଟିଏ କେବଳ ?
ମାୟା ଯଦି, ଏପରି ମାୟା ଯେ
ଆଦିଲଗ୍ନରୁ କ୍ଷରିତ
ଲୁହ ରକ୍ତ ସ୍ୱେଦର କ୍ଷୀରର
ରହସ୍ୟରେ ଜୁଡୁବୁଡୁ
ଏକାବେଳେ ବାନ୍ଧିଦଉ
ପରକ୍ଷଣେ ମୁକୁଳାଇଦଉ ।

କଷି ତାଳସଜ ରଙ୍ଗର କୁନିମୁଠାରେ
ବଉଦକୁ ଓଟାରି ଧରୁ ଧରୁ
ସୂର୍ଯ୍ୟକୁ ବି ଝିଙ୍କି ଆଣୁ ମାଟିକୁ
ଅଯୋନିସଂଭୂତା,
ଇତିହାସର ରାଜେଶ୍ୱରୀ ତୁ
ପୁରାଣର ଦେବୀ
ଜ୍ୱଳଜ୍ୱଳ ବସୁଧାର

ତୃଷାର୍ତ୍ତ ଉପକୂଳର
ଉନ୍‌ଗାମିନୀ ଆତୁର ଜାହ୍ନବୀ।

ପୁଷ୍କରର ବୀଜ ପରି
ତୋର କଅଁଳ ପାଦ ଆଙ୍ଗୁଳି
ଭୂମି ସ୍ପର୍ଶିବ ଯେବେ
ଭୂମା ହିଁ ନିସ୍ତରି ଯିବେ -
କଣ୍ଟାରେ ପଥରରେ
ଘାତ ପାଇବ ଯେବେ
ଧୂଳି ବି ରଟି ଲାଗିବ 'ଆହା' - 'ଆହା'
ଧୂଳି ଧୂଆଁର ରାହା ଭିତରେ
ପାଣି ପଙ୍କର ଓଁକାର ତୁ
ଆଜିର ତର୍ଜନୀରେ
ମହାକାଳକୁ ଉତ୍ତୋଳିତ ଚେତାବନୀ,
ପରିଚିତ ସୌରଜଗତର
ନୂତନ ପୃଥିବୀ ତୁ ଯେ
ରୂପାନ୍ୱିତା, ମୁହୁର୍ମୁହୁ ଧ୍ୱନି।

■

ସହିଦ

"Weep not for me mother
In the grave, I have life."

ଶବ୍ଦ ଯେତେ ପରାଙ୍‌ମୁଖ ହେଲେ ବି
ସେ ବଞ୍ଚିରହିଛି ।

ଚନ୍ଦ୍ରାଲୋକର ନିଃଶବ୍ଦ ପଦପାତ ଛିନ୍ନଭିନ୍ନ,
ହୃତ୍‌ପିଣ୍ଡରେ ତା'ର
ପବନର ନିଅଣ୍ଟପଣ ।

ଆକାଶକୁ ହାତ ବଢ଼ାଉଛି ସେ
ଗ୍ରହଙ୍କୁ ଚଳାଇନେଉଛି
ନିଜ ଇଚ୍ଛାରେ,
ତାରାଙ୍କୁ କଥା କହୁଛି,
ଆଉଁସୁଛି
ଆସନ୍ତାକାଲି ଭୂମିଷ୍ଠ ହେବାକୁ ଥିବା ଭ୍ରୂଣକୁ,
ଶବାଧାର ଉପରେ
ଚୁମାଟିଏ ଥାପିଦଉଥିବା
ମାଆର ହାହାକାରକୁ, ଗର୍ବକୁ,
ଛୁଉଁଛି ଅଟକି ଯାଇଥିବା ସ୍ୱପ୍ନକୁ,
ପ୍ରଣୟିନୀର ମହୁଠୋପା ପରି ଆଖିକୁ
ଝଲମଲ ନାସାଗ୍ରକୁ

ପୁଣି ଜନ୍ମଭୂମିକୁ।
ବାଳକଟିଏ
ଅର୍ପିଲାବେଳେ ପିତୃ ତର୍ପଣ
ଗୋଦାବରୀ, ମହାନଦୀ,
ଗଙ୍ଗା, ସିନ୍ଧୁ କି ମୁସ୍କହଞ୍ଚ ନଦୀରେ
କି ବିଶ୍ୱର କୌଣସି ସାବଲୀଳ ଜଳଧାରରେ
ଆଂଜୁଳାରେ ଫୁଟି ଦିଶୁଚି
ତା'ର ଉନ୍ନତ ଶିର, ସ୍ୱାଭିମାନ
ଜଳପରି ସ୍ୱଚ୍ଛ ତା'ର ଆତ୍ମଦାନ
ତା'ର ଚିରଂଜୀବନ।

ତୃଷାର ଶୃଙ୍ଗର
ଶିରା ଉପଶିରା ଚିରି
ଭାଙ୍ଗିପଡ଼େ ଅଗ୍ନି-ଝାଡ଼
ଭସ୍ମବୃକ୍ଷ, ପ୍ରାଗୈତିହାସିକ ଗରଳ
ପ୍ରତିପକ୍ଷରେ
ଶିଶିର ପରି କୋମଳ
ନଗାଧିରାଜଠୁ କଠୋର ତା'ର ଶରୀର
ବ୍ୟାପିଯାଇଛି
କାର୍‌ଗିଲ୍‌ରୁ କସୋଭା
ଭିଏତ୍‌ନାମ୍‌ରୁ କୁଏତ୍
ହିରୋସୀମାରୁ କୁରୁକ୍ଷେତ୍ର।

କ୍ଷତର ମନ୍ଦାର
ନିଆଁର ଆଲିଙ୍ଗନ
ଧାତୁ କି ପଥର-ଦେହ
ନଥାଏ ସ୍ୱେଦ ଯନ୍ତ୍ରଣା ତା'ର
ମୃତ୍ୟୁର ନିଃଶ୍ୱାସ ଶୁଭେ
ରକ୍ତ ଝର୍ଝର।

ଗୋଟିଏ ସମ୍ବତ୍ସର ଭିତରୁ
ବଢ଼ିଉଠେ ଆଉ ଗୋଟିଏ ସମ୍ବତ୍ସର
ଗୋଟିଏ ଶତାବ୍ଦୀ ଭିତରୁ
ଆଉ ଗୋଟିଏ ଶତାବ୍ଦୀ
ଶାଖାରୁ ପ୍ରଶାଖା ପରି
ସମୁଦ୍ରରୁ ପର୍ବତ ପରି
ଉଠିଆସେ ସମୟ -

ଋଷି କଣ୍ଠର ଓଁକାର
ତପଶ୍ଚରଣ ପାର୍ବତୀଙ୍କର
ଶିବଡ଼ମ୍ବରୁ
କୈଳାସ ଶିଖରୁ
ପୁଣି ବସୁନ୍ଧରାର ଅଭ୍ୟନ୍ତରୁ -

ଲକ୍ଷେବୀରଙ୍କ ଅଭିବାଦନ ଘେରରେ
ମହୀରୁହ ଚନ୍ଦନ-ଶେଯରେ
ଚମ୍ପା ବକୁଳ ପଦ୍ମକେଶରର
ବାହୁବନ୍ଧରେ
ଶୋଇରହିଚି ଯିଏ
ନକ୍ଷତ୍ର ପରି ସାବ୍ୟସ୍ତ
ତା'ର ଅମରତ୍ୱ ।

■

ସହି ନପାରେ ଯଦି

ଏତେ କାଳ ଛାତି ପତେଇ ଧରିଲି
ଆଉଁସିଲି, ଖୋଇଲି ପେଇଲି
କିଛି ହେଲେ ମନେରଖିଲୁ ନାହିଁ ତୁ ?

ଚିରିଲୁ ମତେ, ଖୋଲିଲୁ
ଟୁକୁରାକଲୁ
ପବନରେ ଭରିଲୁ ଧୂଳିଧୂଆଁ
ପେଟ ଫୁଟାଇ ବିଷବୋମା
ବିଦୀର୍ଣ୍ଣ କଲୁ ମୋର ଆକାଶ
ପଶୁପକ୍ଷୀ ବନସ୍ପତି ମୋର
ନିଅଣ୍ଟ ହେଲେ
ତୋ'ର ଭୋକ ଆଗରେ ।

ଭାଳିହେଲୁ ଖାଲି
ତୋ'ର ଭୂମି, ତୋ'ର ସୌଧ, ତୋ'ର ବଂଶଜ
ତୋ'ର ଉତ୍ତେଜନା, ତୋ'ର ଉତ୍ପାତ
ଜୟକାର ବଢ଼ତି ତୋ'ର
ହେଜିଲୁ ନାହିଁ ମୋର ସ୍ନେହ ସୋହାଗ
ବଢ଼ିଉଠୁଥିବା ମୋର ନିର୍ଭରତା
ଲୁଟିନେବାକୁ ପଣକରିବସିଲୁ
ମୋର ବତ୍ସଳତା ।

ଶୁଣ, ମୁଁ କହନ୍ତି ନାହିଁ ତୋତେ

ଶୁଖାଇଦିଅନ୍ତି ମୋର ନଦୀଝରଣା
ଉଭାନ କରିଦିଅନ୍ତି ମୋର ପବନ,
ମୋର ବାସ୍ନା,
ଆଞ୍ଜାଦିଅନ୍ତି, ଘୂର୍ଣ୍ଣିକୁ ବାତ୍ୟାକୁ
ପ୍ଲାଷ୍ଟିକ୍ କଣ୍ଢେଇ ପରି ମୋଡ଼ିମାଡ଼ି
ଫିଙ୍ଗିଦେବାକୁ ତୋତେ
କୁଆଡ଼େ ବୋଲି କୁଆଡ଼େ,
ଭୂକମ୍ପରେ, ସୂର୍ଯ୍ୟତେଜରେ
ଜାଳିପୋଡ଼ିଦିଅନ୍ତି ତୋର ଦୁନିଆଁ -
କିନ୍ତୁ ମୁଁ ତୋତେ ଭଲପାଏ ଯେ !
ସହିବି ବୋଲି ସହିଯାଏ !

ମନେରଖ୍
ଏଣିକି ସଂଭାଳି ନପାରେ ଯଦି
ଫାଟିଯାଏ ଯଦି ଛାତି
ଘୋଟିଯାଏ ମହାପ୍ରଳୟ
ମାତିଉଠେ ସମୁଦ୍ର
ପଚିସଢ଼ି ଯାଏ କ୍ଷେତ ଫୁଲ ଫଳ
କଅଁଳେନା ଘାସ
ଟଳିପଡ଼େ ଜଙ୍ଗଲ
ସକଳ ଜଙ୍ଗମକୁ
ଚରିଯାଏ ଯଦି ବିଷ -

ତୁ' ତ
ଥରେ ବି ନିଘା ରଖିଲୁନି ମୋଠିଁ -
ଏଣିକି ଦୋଷ ଧରିବୁ ନାହିଁ ମୋର...
ଆଉ ଧରିରଖି ନ ପାରେ ଯଦି
ସହିନପାରେ ଯଦି।

କେହି ନା କେହି ଆସେ

(ଗାଳ୍ପିକ ଏ ରବି ପଟ୍ଟନାୟକଙ୍କୁ...)

ନିଦା ଅନ୍ଧାର ଭିତରକୁ
ଧସେଇପଶେ କିଏ, କ'ଣ ଖୋଜେ
କଞ୍ଚାବାଉଁଶଖଣ୍ଡେ ପରି
ଦି'ଦିନରେ ପୋକଚରିଯାଇଥାଏ
ତା'ର ଦେହ
ଅତଏବ ଦେହ ନଥାଏ।
ଅନୁଭବର ମୁହାଁସରେ ପଶିଆସେ,
ବିଦେଶିନୀର ଖୋଲାପିଠିପରି ଜଳୁଥାଏ
ଜହ୍ନରାତି,
ନିଦା ଜଙ୍ଗଲ ଅନ୍ଧାର
ଆତ୍ମାର ରଙ୍ଗ ବୁଡ଼େଇ ଡାକଦିଏ
କହେ, ରହ, ଯାଅନା - କେହି ନାହିଁ -
ସମୟ ହିଁ ଲମ୍ବିଥାଏ ଏକୂଳ ସେ କୂଳ
ଅରଣ୍ୟ ମାଳ ମାଳ
କିଏ ସେ ପାଗଳ
ଜୀବନ୍ତ ଅନୁଭବକୁ କାନ୍ଧକରି
ପହଞ୍ଚିଯାଇଥାଏ ଏଇଠି।

ଧାନଗଛ ମୂଳରୁ
ହୁଗୁଳିଯାଇଥାଏ ମାଟି
ମହାଶୂନ୍ୟରୁ ଝଡ଼ିପଡ଼ିଥାଏ ନକ୍ଷତ୍ର

ପାଣି ଟୋପାକରୁ
ହଜିଯାଇଥାଏ ତା'ର ଆସଂଜନ
ସବୁ ବସ୍ତୁରୁ ଅବସ୍ତୁରୁ
ମିଳେଇଯାଇଥାଏ ନିଜ ଗୁଣ
ସମୟର ଆଁରେ
ଖସିପଡୁଥାଏ ଲୁହ, ଝାଳ
ମଲ୍ଲୀମାଳ ଖସିପଡୁଥାଏ ବେଣୀରୁ
ଧସୁଥାଏ ବି ପ୍ରଜନ୍ମ ଗୋଟିଏ
ବିଶ୍ୱାସହୀନତାର ରସାତଳକୁ।

ସେଇଥିପାଇଁ
ବିଟ୍ ରାସ୍ତା ଉପରେ
ଗୋଡ଼ ଲମ୍ବେଇ ବସିଥିବା ଖରା,
ବନସ୍ତ ମଝିରେ ଥମ୍‌କି ଠିଆହୋଇଥିବା
ପବନ,
କଇଁପତ୍ରର ଗାଲିଚା ଉପରେ
ଘାଲେଇଥିବା ଆକାଶ,
ଡାଳ ଖୋଜୁ ଖୋଜୁ ଚଢ଼େଇ
ଛାଇ ଖୋଜୁ ଖୋଜୁ ମଣିଷ
ସମସ୍ତେ ଡାକନ୍ତି ତାକୁ, ଝୁରନ୍ତି...

ଦିନେଦିନେ ଅତର୍କିତ
କୁଦିପଡ଼େ ପାହାଡ଼ରୁ ନିର୍ଝରପରି
ଧାଇଁଆସେ ନବଯୌବନର ଶୁଭ୍ରତା,
ଅସଂଖ୍ୟ ବାଲିଗରଡ଼ା ପରି ଆଶା,
ହିସାବୀ ଦୁନିଆକୁ ଉଜେଇଁଦବାର ଟାଣପଣ,
ମୁଁ ବୁଝିପାରେନା ଆଦୌ
ପଥର ଉପରେ
ଏତେ ଛେଚି କଚାଡ଼ି ହେବାରୁ ମିଳେ କଅଣ -

ସଂଚରିଯିବା, ଢାଳିହେଇଯିବା ବୋଧେ
ଯେ ଜୀବନନଦୀର ଲକ୍ଷଣ।

ମୁକ୍ତିର ଉଦ୍ଦାମତା
ଆବେଗର ଅଥୟପଣ
ଭଲପାଇବାର ନିର୍ଭୀକତା
ବିପ୍ଳବର ବହ୍ନିବାଣ
ସବୁ ମିଶି ଡାକିଆଣନ୍ତି ତାକୁ
ରକ୍ତମାଂସହୀନ
ତା'ର ନିରୀହ ନିଦରୁ।

ସେ କ'ଣ ଏକା ଆସେ କି?
ନା-ନା
କେହି ନା କେହି
ମୋ ପରି ତୁମପରି
ଠିକ୍ ତା'ର ପଛେ ପଛେ ଆସେ।

■

ସ୍ୱପ୍ନ ସଂସ୍ଥାନ

ପାଖୁଡ଼ାତକ ଛିଡ଼ି ଝଡ଼ିଯିବା ପୂର୍ବରୁ
ସ୍ୱପ୍ନଟିଏ ଅଭିଯୋଗ କରୁଛି
ସେ ରହିବ କୋଉଠି ?
ଅପ୍ରସ୍ତୁତ ବଡ଼-
ଦେବତା ଅସୁରଙ୍କର
ଯେ କାଳିଗୋଳ ।

ଏଣିକି ଯେ
ଅନୁରାଗ ଲିଭିଗଲାଣି
ଆକ୍ଷିପତାରୁ,
ନିଦରୁ
ଖସି ଆସିଲାଣି ଗାଢ଼ପଣ,
ଦୀର୍ଘଶ୍ୱାସ, ଲୁହ
କପଟାଚାରରେ ଧୁରନ୍ଧର ଖୁବ୍,
ଝୁରିହବା
ପାଣିଫାଟିଗଲାଣି କେବେଠୁଁ,
ଟଙ୍କା ସୁନାର ହୋ' ହୋ'ରେ
କାନ ତାବ୍‌ଦା ହୋଇଯାଇଚି ସ୍ୱପ୍ନର
ସେ ବଂଚିବ କେମିତି
କୋଉଠି ସଜେଇଦବ
ତା' ସୁନାସଂସାର ?

କଇଁପତ୍ରର ଶେଯରୁ ଉଠି
ସ୍ୱପ୍ନଟିଏ ଅନାଉଁଚି
ନଭୋମଣ୍ଡଳରେ ଉଲ୍‌କା,
ଝର୍କା ଫାଙ୍କରୁ ବାହାରି ଆସୁଚି
ଆଲୁଅର ବର୍ଚ୍ଛା
ଗଳିଯାଉଚି ଅନ୍ଧାର ଛାତିରେ।
ଶୀତଳ ସୁଗନ୍ଧ ହାତ ବଢ଼େଇଲେବି
ପବନର ଗରଜ ନାହିଁ ଯେ ଧରିବ!
ଗଛ ଥିଲେ କୋଉଠି ସ୍ୱପ୍ନଟି
ବସିପଡ଼ନ୍ତା ଛାଇତଳେ ଘଡ଼ିଏ,
ଜଣେ କେହି ବିଭୋର ଥିଲେ
ଛପିରହନ୍ତା
ସେଇ ବିଭୋରତାର ଆଢୁଆଳେ।

ସତ୍ୟକୁ ଆଶ୍ରାକରି ହୁଅନ୍ତା ଯେ
ସୁନାକଳସ ଭିତରେ
ବନ୍ଧା ପଡ଼ିଯାଇଚି ସତ୍ୟ
ସମ୍ଭବ ନୁହେଁ କଦାପି
ତା' ସହିତ ଯୋଗାଯୋଗ।

ସ୍ୱପ୍ନଟିଏ ଧନ୍ଦି ହଉଚି ଆଜିକାଲି
ସେ ବଂଚିରହିବ କେମିତି
ସାମିଲ୍ ହବ କୋଉ ଦଳରେ ?

ଦେବତା ଅସୁରଙ୍କର
ଯେ ଅକାଳ ଯୁଦ୍ଧରେ
ଅମୃତଭାଣ୍ଡ ଛିନ୍ନଛତ୍ର ହୋଇଗଲାବେଳେ
ଭିଜିଗଲାବେଳେ
ପାଦତଳର ମାଟି ବାଲି ରକ୍ତରେ,

ଘୋର କଳିକାଳରେ
ସ୍ୱପ୍ନମାନେ
ସଂଦିଗ୍ଧ ବ୍ୟାକୁଳ ବଡ଼
ସେମାନେ ରହିବେ କୋଉଠି ?
ପକ୍ଷ ସମର୍ଥନ କରିବେ କାହାର
ଦେବତା ନା ଅସୁରଙ୍କର ?

■

ସତ ବି, ସ୍ୱପ୍ନ ବି

ସତ ଆଉ ସ୍ୱପ୍ନ ଭିତରେ
ନାଭିନାଡ଼ର ସମ୍ପର୍କ ଅଛି ନିଶ୍ଚୟ।
ତୁମେ ବିଶ୍ୱାସ କର ନ କର
ସ୍ୱପ୍ନ ନ ଥିଲେ ଜୀବନ
କେଡ଼େ ନିର୍ଜୀବ, କେଡ଼େ କଠୋର!

ବେଳେବେଳେ
ସ୍ୱପ୍ନ ଆଉ ସତ ଏକାପରି ଲାଗେ
ତୋରାଣି ଭର୍ତ୍ତି ପଖାଳ କଂସାରୁ
ମଲ୍ଲୀଫୁଲର ବାସ୍ନା ଉକୁଟେ ବୋଲି
କିଏ ନ ଜାଣେ?

ସତ ପାଲଟି ଯିବାକୁ, ବଞ୍ଚିଯିବାକୁ
ନିଃଶ୍ୱାସ ନେବାକୁ
ଆବେଗ କମ୍ପ ସ୍ୱପ୍ନର
ଭାରି ମୁହାଁସ କିନ୍ତୁ,
କେହି ଅସ୍ୱୀକାର କରିପାରିବ
ତା'ର ମାଂସଳ, ସ୍ୱର୍ଣମୟତାକୁ?

ଘୋର ପ୍ରବଞ୍ଚନା ଭିତରେ
ଖଣ୍ଡିଆଭୂତ ପରି ଧାଇଁ ପଳାଉଥିବା
ସମୟର ଆଖିପୁଅରେ
ସେ କୋଉଠି ଛପିଥାଏ କେଜାଣି
ହାଣି ମାରି ପାରେନା କେବେ
କୌଣସି ଆତତାୟୀର ଛୁରୀ।

ସତ ବି ଖୁବ୍ ଏକୁଟିଆରେ ଛଟପଟ ହୁଏ
ପୋଡ଼ିଜଳି ଆଉଟି ହୁଏ
ସ୍ୱପ୍ନର ଚନ୍ଦନ ବୋଲି
ବର୍ତ୍ତିଯିବାକୁ ମନ କରେ।

ପାହାନ୍ତାପହର ଆକାଶରୁ
ଓହ୍ଲାଇ ଆସିଲାବେଳେ ସ୍ୱପ୍ନ
ଜମାଟ ବାନ୍ଧିଯାଏ ପ୍ରପାତ
ହୃଦୟରେ ଡେଣା ଗଜୁରେ
ଗଙ୍ଗଶିଉଳି ମୂଳରୁ
ତାରାଙ୍କୁ ଗୋଟାଇ
ଅଣ୍ଟି ଭର୍ତ୍ତି କରୁ କରୁ
ଚମକିପଡ଼େ କିଶୋରୀଟି
ମହାନ୍ ହାହାକାର ଭାଙ୍ଗି ତରଳି
ଭେଦି ଯାଉଥାଏ ଭୂଇଁରେ।

ବଣୁଆଁ ଲଟା ପରି ଲୋଭକୁ ଦେଖ
କୋଉ ଭିତରେ
ଉଦୁଆଁ ବଢ଼ି ଚାଲିଥାଏ ଲହଲହ
ତୁମଠିଁ, ମୋଠିଁ,
କଳ୍ପନା କି ବାସ୍ତବର ମାପକାଠି
ଯଥେଷ୍ଟ ହୁଏନା -
ଆମେ ବି କମ୍ ନୋହୁ କିଛି
ଭାଙ୍ଗିଗଲା ପରେ ସ୍ୱପ୍ନ
ଶେଯ ଅଣ୍ଡାଳୁ ଉଠିବସି
ନିଃଶ୍ୱାସ ବାରୁ
କାଳେ ସତ ହୋଇଯିବ
ଜୀଇଁ ରହିବ ସମ୍ଭାବନାଟି !

ନାଆଁ

କ୍ଷୀର ଢୋକୁଚି ପୃଥ୍ୱୀ
ଓଲଟିପଡ଼ିଚି ରଙ୍ଗବାକ୍ସ ଯେ
ସବୁଜ ଛଡ଼ା କିଛି ରଙ୍ଗ ନାହିଁ ଯେମିତି !

ଅଥଚ ସବୁଜପତ୍ର ଖସିପଡ଼େ
ଓଦାମାଟି ଧରେନା ତାକୁ
ଦାଗ ରଖେନା ନିଜଠିଁ,
ଚଂଚୁ ଘଷୁଘଷୁ ଉଡ଼ିପଳାନ୍ତି ଦୁଇଦିଗକୁ
ପକ୍ଷୀ ଦୁଇଟି ।

ଝଡ଼ କ'ଣ ସେଇ
ଯାହା ଜରିର ପୋଷାକ ପିନ୍ଧି
ବାଟ ଜଗିଚି ମୋର
ହାତ ଧରି ନେଇଯିବ ଫୁଲଶେଯକୁ
ଶୂନ୍ୟର ଚନ୍ଦ୍ରାତପକୁ
ଶୁଭୁନଥିବ ସେଠି
ଖସିପଡ଼ିଥିବା ପତ୍ରର କୋହ
ସେଠି ମୁଁ ନଥିବି
ଥିବ ମୋର ନାଆଁ ଲେଖାଥିବ
ହରଦମ୍ ବର୍ଷାରେ ତିନ୍ତିବୁଡ଼ି
ଥରୁଥିବା ଅନ୍ଧାର ଛାତିରେ ।

ସବୁଜ ପତ୍ରଟି
ଖସିପଡ଼ି ଛଟ୍‌ଛଟ୍ ହଉଚି
ନା ହୃତ୍‌ପିଣ୍ଡରୁ ମୋର
ଖଣ୍ଡେ କଟିଯାଇ ଖସିପଡ଼ିଚି କୋଉଠି
ଛଟ୍‌ଛଟ୍ ହଉଚି
ଠିକ୍ ସବୁଜ ପତ୍ରଟେ ପରି !

ଇତିହାସକୁ ପୋତି ରଖିଚ କିଏ ?
ପଥର ସିନ୍ଦୁକରେ ମାଟିତଳେ,
କବିତାକୁ ସଂଚିଦେଇଛି ତମ୍ବାପତ୍ରରେ
ଶୁଣ, ନିଶ୍ଚିନ୍ତ ହବାର କିଛି ନାହିଁ ତୁମର
କେବେ ଯଦି
ତାରାମାନଙ୍କ କଥୋପକଥନରେ
ଶୁଣାଯାଏ କାହାର ନାଆଁ
ସେ ତୁମର ନୁହଁ -
ବର୍ଷାଟୋପାର ବାସ୍ନାରେ
ଯଦି ବାରିହୁଏ ଉପସ୍ଥିତି କାହାର
ସେ ତୁମର ନୁହଁ ।

ବରଂ ସେଇ ନାଆଁକୁ
ମୁଁ ଲେଖି ରଖିଚି କେବେଠୁଁ
ଛାତିର କୋଣରେ ପଡ଼ିଥିବା
ପଥରଖଣ୍ଡକରେ
ମୋ ନିଜ ରକ୍ତରେ -
ସେଇ ବାସ୍ନାକୁ ଅହୋରାତ୍ର ଭୋଗିଚି ମୁଁ
ଶବ୍ଦର ଫାନ୍ଦ ବସାଇ
ଭାବକୁ ଧରିନବାର ଯନ୍ତ୍ରଣାରେ
ମୋର ଉଚ୍ଚାଟ ଲୋମକୂପରେ ।

■

ସୀମା ଲଂଘନ ନୁହଁ..

ଆରମ୍ଭ ଓ ଶେଷ କାହିଁ ?
ଉବୁଟୁବୁ ଇନ୍ଦ୍ରଜାଲ –

ଇଞ୍ଚେ ହୃଦୟରେ
ଫିଟିପଡ଼େ ଅଚିହ୍ନା ବିସ୍ତାର
ଲଂଘିଯାଏ ଦେହବେଢ଼
କାଟିଦିଏ ଛୋଟ ଛୋଟ ଫାଶ
ଫୁଟାଇ ରକ୍ତାକ୍ତ କରେ
ଛନ୍ଦିଥିବା ଆପାତ ସନ୍ତୋଷ ।

ପୃଥ୍ୱୀ ଆଉ ଅନ୍ତରୀକ୍ଷ
କୋଣ ଅନୁକୋଣ
ସବୁଠିଁ ଜରୁରୀ ଅବା
ଏକାନ୍ତ ବା ମୋର ଉପସ୍ଥାନ !

ବିଶ୍ୱାସକର ସେଠାରେ
ସୋର ଶବ୍ଦ ନଥାଏ ଅଥଚ
କି ଅଦ୍ଭୁତ ଯୋଗାଯୋଗ
ସୂର୍ଯ୍ୟର ସମୀପେ
ବୁନ୍ଦେ ଲୁହ ଢଳଢଳ ହୁଏ
ସାରା ସୃଜନର ବିଶାଳ ଅସହାୟତା
ଏତେ ଟିକେ ହୁଏ ।

ମହାପ୍ରଳୟ ମଝିର
କୁଢ଼ କୁଢ଼ ଶବଘେରା
ଟିପେ ହବ ଟାପୁ ଉପରେ
ସେ ସ୍ତବ୍ଧ କୁନିଝିଅ

ଆଖିରେ ପାଉଁଶ ଉଡ଼େ ଫୁଲଝରି ଫୁଟେ
ତା' ଅବାକ୍ ନିଃଶ୍ୱାସକୁ
ମୃତ୍ୟୁ-କେତନ ସମାନ ଉଡୁଥିବା
ବାଳକେରାଏକୁ ତା'ର
ଆଉଁସିଦିଏ ଏଇଲେ
ଚତୁର୍ଦ୍ଦିଗ ହା' ହା' କରିଉଠେ।

ଏଇଲେ ବି ସମୟର ପିଠିକୁ ଆଡ଼େଇ
ଲୁଚିଛପି ଧରିପକାଏ ତୁମକୁ
ଆଖି ବୁଜି ଧରେ
କୁହ, କିଏ ମୁଁ
ତୁମେ ସାଜିଦେଇଥିଲ
ଚୁମ୍ବନର ଚନ୍ଦନଟିପାରେ
ଏକଦା ଯାହାର
ବଉଳଫୁଲର ରଙ୍ଗର କପାଳକୁ।

ସବୁ ବନ୍ଧବାଡ଼
ସମୟ, ସମାଜ ଆଉ ଶରୀରର
ଲଂଘି ଯେଉଁଠି ପହଂଚେ
ସମସ୍ତଙ୍କ ଆଖି ଆଢୁଆଳେ
ସେଠି ଥାଏ, ସେଠି ବି ନଥାଏ
ମିଛ ମିଛ ସତ ସତ
ଘଟଣା ଇତିହାସର
କେନ୍ଦ୍ରଠାରେ ପହଞ୍ଚେ ତ
କ'ଣ ଖୋଜେ, କ'ଣ ପାଏ
ଅମୂଲ ମୂଲକୁ ଧରେ
ଧରେ ପୁଣି ଛାଡ଼ିଦିଏ,
ଶୂନ୍‌ଶାନ୍ ଏକା ହୋଇଯାଏ।

ସୁବୃହତ୍ ଅଭିମାନ

ଜୀବନଠୁଁ ବୃହତ୍ତର
ଏକ ଅଭିମାନ
ବଂଚିରହିଛି ଦର୍ପରେ
ଯା' ଆସ କରୁଚି ଗହଳିରେ
ଉତ୍ସବ ଅନୁଷ୍ଠାନରେ
ପୁଣି ନିକାଞ୍ଚନ ରାତିରେ
ରାଜଧାନୀ ରାସ୍ତା ଉପରେ।

ସାରାଟା ଇତିହାସରେ
ପଡ଼ିରହିଛି ତା'ର ପାଦଚିହ୍ନ
ଆକାଶରେ ଖୋଦିତ ତା'ର ଅକ୍ଷର
ଦେହସାରା ମାଟି ମୁଠାକର
ଛନ ଛନ ଅତର,
ଅବଶ୍ୟ, ସେ ଯା' ଆସ କରୁଚି ବୋଲି
ତୁମେ ବିଶ୍ୱାସ କରିପାର, କରି ନ ପାର।

ବେଳେ ବେଳେ ରାସ୍ତାକଡ଼ର ଗଛ
ଦଉଡ଼ିଆସି ବାଟ ଓଗାଳେ
ରିକ୍ସାବାଲା ବାଉଳେ, ଡାକେ
କୁଆଖାଇର ପାଣିତଳେ
ଭାଙ୍ଗି ଯାଉ ଯାଉ ତାରାଟି
ଅଟକିରହେ

ଡବ ଡବ ବର୍ଷା
ଗର୍ଜେ, ରାହାଧରେ।
ଏସବୁକୁ ଭ୍ରୂକ୍ଷେପ କରେନା ଅଭିମାନ
ଉଦଗ୍ର ପାଦତଳେ ତା'ର
ହାର୍ ମାନିଯାଏ ଜୀବନ।
ଶାଣିତ ଭଲପାଇବାରପଣ
ସର୍ତହୀନ
ତୁମେ ଚିହ୍ନ ନ ଚିହ୍ନ
ସେ ହସେ କଥା କହେ
ସରୋଷ ଅନାଏଁ
କାନ୍ଦିପକାଏ ମନକୁ ମନ
ଶବ୍ଦ-ମଂଜକୁ
ଫୁଟାଇଦିଏ ଦାନ୍ତରେ ନଖରେ
ଆକ୍ରୋଶର ଦାଢ଼ରେ କରିପକାଏ
'ସାଲିସ୍'କୁ ଦି'ଗଡ଼
ତିକ୍ତତା-ଜର୍ଜର ଚାରିଆଡ଼।

ଗଭୀର ସମର୍ପଣ
ତା'ର ଆନୁପାତିକ ସେ
ଉତ୍ତୁଙ୍ଗ ଅଭିମାନ।

ତୁମେ ଜାଣି ନ ଜାଣ -
ତା' ସ୍ନେହ ରୋଷ
ଆକ୍ରୋଶ ମୁହଁରେ
କେଡ଼େ ତୁଚ୍ଛ ଝଡ଼ିପଡ଼େ
ଆହା,
ଗୋଟି ଗୋଟି ଆୟୁଷ୍ମାନ୍ ଦିନ।

■

ମହାକାବ୍ୟ

ଘମାଘୋଟ ବଉଦ
ସାରା ଆକାଶ ଖେଦିଗଲାବେଳକୁ
କଦମ୍ବ ଡାଳରେ ଲାଖିରହିଲା
ଜହ୍ନର ଜରିଟୋପି।
ଶବ୍ଦ ଗୋଟେ ଫୁଟି ପଡ଼ିଲା କୋଉଠି
ଡିମ୍ବରୁ ଶାବକ
ଦ୍ରୁମରୁ ବୀଜ ପରି।

ପୃଷ୍ଠାମାନଙ୍କରୁ ଧୂଳି ଝାଡ଼ି
କବିଟିଏ ସଜେଇଦେଲା
ଗୂଢ଼ତମ ପୀଡ଼ାକୁ
ପରିତୃପ୍ତିକୁ ତା'ର
ଏମିତି ରାତିରେ
ଖୁବ୍ ଏକୁଟିଆ ମୁଁ ଯେତେବେଳେ।

ମୋ ସ୍ୱପ୍ନରୁ ଉଠିଆସି
ସଜହେଲା ନିଃଶ୍ୱାସଟିଏ
ଶାଢ଼ି ପିନ୍ଧିଲା
ଆବେଗ ବୋଳିହେଲା ମୁହଁରେ
ଚାଲିଯିବାରେ ଲାଗିଲା
କାଁ ଭାଁ ଚମକୁଥିବା
ଭୁବନେଶ୍ୱରର ରାଜରାସ୍ତାରେ।

ମହାକାବ୍ୟର ପୃଷ୍ଠାରୁ
ଅଭିମାନଟେ ଡେଇଁପଡ଼ି
ରୁନ୍ଧିଦେଲା ଆକାଶ,
ଯନ୍ତ୍ରଣାର ଧାଡ଼ି ଗୋଟିଏ

ଠିଆହେଇ ତାଳପତ୍ର ମେଲିଲା
ସମୟକୁ ଫୁଟାଇ ଚିରି
ଜାବୁଡ଼ିଧରିଲା ମୋର ହୃତ୍‌ପିଣ୍ଡ।
ନିଃଶ୍ୱାସ ପଥର ପାଲଟି
ଅଟକିଗଲା ପ୍ରତ୍ନ ଭିତରେ
ଭୁଷାବାଲି ଶୋଷିସାରିଥିଲା ସେ ଧାର
ଏକଦା ମୁହଁ ଦେଖୁଥିଲି
ଯେଉଁ ନଈଧାରରେ।

ରାକାରଜନୀ
ମହାକବିଙ୍କ କଲମମୁନରୁ ଫିଟି
ହାତ ବଢ଼େଇ ଝିଙ୍କି ଆଣିଲା ଜହ୍ନକୁ
ଧ୍ୱନି ଗୋଟିଏ ମିଛ କରିଦେଲା ଇତିହାସକୁ।

ନଥିନବାପଣର ଗର୍ବରେ
ଅଟ୍ଟହାସ କରିଉଠିଲା କବିତା -
ଏକଦା ଉଚ୍ଛଳ ନଈସୁଅରେ
ତା'ର ଛାଇ ବାୟୁମଣ୍ଡଳରେ
ତା'ର ଦରସ୍ଫୁଟ ଅବୟବ
ଧୂଳି ଭର୍ତ୍ତି ପୃଷ୍ଠାତଳେ ତା'ର
ହସକାନ୍ଦ ଖେଳ
ପୁଣି ଆକାଶେ ଅନ୍ଧାର ମଝିରେ
ଟୁବ୍‌କିନା ବୁଡ଼ିଯାଉଥିମବା ତାରା ପରି
ତା'ର ଦର୍ପ
ନିର୍ବାପନ ତା'ର,
ସତରେ ଆୟୁଷ ବୋଲି କିଛି ନଥିଲା
ତା'ର ଅମରତ୍ୱର।

■

ସେଇ ଧାଡ଼ିଟି...

ନା, କୌଣସି ଆରୋପ କରନା -
ଲିଭାଇଦିଅ ଯେତେକ ରକ୍ତମାଂସ
ସେ, ଧାଡ଼ିଟିଏ କେବଳ,
କାହାର ନା କାହାର
ସ୍ୱପ୍ନ-ନିର୍ଯ୍ୟାସ।

ବିସ୍ୱାଦ ଓ ଆଘାତର
ଘୂର୍ଣ୍ଣୀ ଭିତରେ
ଦର୍ପରେ ଠିଆହେଇଚି ଯେଉଁ ଧାଡ଼ିଟି
ଦୟାକରି ଆରୋପ କରନା କିଛି
ତା'ଠିଁ।

ଦି'ଦିନର ଜୀବନ
ନାରଖାର ଶରୀର
ଡେଣାଭଙ୍ଗା ଚଢ଼େଇପରି
ଛଟ ଛଟ ସ୍ୱପ୍ନ କଳ୍ପନା
ସାଧ ଅଛି ଗଢ଼ିପାରିବ ସେ
ନିବିଡ଼ ବିହ୍ୱଳ ଏଇ ଆଶ୍ୱାସନା!

କୋଉ କବିର ଲୁହଧାରରେ ଦିନେ
ଭିଜିଥିଲା ତା'ର ବାଳ

କୋଉ କବିର ଚୁମ୍ବନରେ
ଶିହରିଥିଲା ତା'ର ରୋମମୂଳ
କୋଉ କବିର ତନ୍ଦ୍ରା ଭିତରେ ଦିନେ
ଅଳସ ଭାଙ୍ଗିଥିଲା ସେ
କୋଉ କବିର ମହାକଳ୍ପନାରୁ
ଉତୁରିପଡ଼ିଲା
ଧାଡ଼ିଟିଏ ଅସଂଭାଳ -
ତୃପ୍ତିରେ ଟଳମଳ ତା'ର ଆଖି
ମୁହଁ ହସହସ
ମରିବାର ଭୟ ନଥିଲେ
ଅପୂର୍ବ ଦିଶେ ଯେମିତି ।

ସତ୍ୟର ସିଦ୍ଧାନ୍ତରେ
ପରଖ ନାହିଁ ତାକୁ
ଦିନକୁ ଦିନ ନୂଆ ନୂଆ ଜନ୍ମୁଥିବା
ସମୟର ଗର୍ଭକୋଷରେ,
ଭୂଗୋଳର ମାନଚିତ୍ରରେ
କ୍ଷୟ ବୃଦ୍ଧି ନାହିଁ ତା'ର
ନାହିଁ ପଟାନ୍ତର
ସମୀପରେ ସବୁତକ ଜନ୍ମମୃତ୍ୟୁ,
ପଚାରନା ସେ ଧଡ଼ିଟି କାହାର -
କୋଉ କବିର -

ଯେତେ ଯେଉଁଠି ଉପକୂଳ ରହିଚି ପୃଥିବୀରେ
ବିସ୍ତୀର୍ଣ୍ଣ ବାଲିବନ୍ତରେ ତା'ର
ଲେଖା ରହିଚି ସେ ଧାଡ଼ିଟି
ଅସତର୍କ ଅନାଇଁଦେଲେ ମହାଶୂନ୍ୟକୁ
ତୁମେ ପଢ଼ିପାର ସେ ଧାଡ଼ିଟିକି ।

ଯେତିକି ସତ, ସେତିକି ସତ-ରହିତ
ମହାନ୍ ମାୟାର ଅଂଶ ସେ
ମାରାତ୍ମକ ତା'ର ନିପୀଡ଼ନ
ଅଣୁପରି ବ୍ରହ୍ମାଣ୍ଡ ପରି
ତା'ର ଭାବ ଅଭାବ
ତା'ର ସମ୍ମୋହନ।

ସୁଖରେ ବୁଡ଼ିଗଲାବେଳେ ବି
କଣ୍ଟାଗାରେ ପରି
ସେ ଫୁଟିଯାଏ ଛାତିରେ,
ନିଗୂଢ଼ ମିଳନର କାଳରେ
ଏକାକୀତ୍ୱର
ବିଚ୍ଛେଦର ରାହା ଧରେ।

କୌଣସି ପ୍ଲାଟଫର୍ମରେ
ଠିଆକରାଅନା ତାକୁ
ଲଂଗର ଭିଡ଼ନା କୌଣସି ବନ୍ଦରରେ
ଅଟକାଇଦିଅନା
କୌଣସି ନିର୍ଦ୍ଦିଷ୍ଟତାରେ।

ଧାଡ଼ିଏ ଉଚ୍ଚାରଣ ସେ
ମିଠା ମିଠା ନିଆଁର
ଯାହାଠାରେ ଜଡ଼ିଯାଏ ଯେତେବେଳେ
ସେତେବେଳେ
ସର୍ବାଂଶରେ ତା'ର।

ପରୀ ସାଙ୍ଗେ ଦିନେ -

ସବୁଠୁଁ ବଡ଼ ଦୋଷ ତା'ର ଯେ
ଉଦାସୀନ ସେ
ନିଜ ସୁଗୁଣ ସଂପର୍କରେ।

ଆକାଶ ମଝିରେ ଉଡ଼ି ଯାଉ ଯାଉ
ପରୀଟିଏ ସେଦିନ
ଓହ୍ଲାଏ ମୋ ଛାତ ଉପରେ,
ହୀରାଜଡ଼ଉ ତା'ର ଡେଣା ଦୁଇଟି
ଖୋଲେ ବୁଜେ ଖୋଲେ ବୁଜେ
ପ୍ରେମିକର ପ୍ରଥମ ଛୁଆଁରେ
ଶିରାଶିରା ଖୋଲେ ବୁଜେ ଯେମିତି।

କଂପୁଥାଏ, ଜଳୁଥାଏ, ନିଭୁଥାଏ
ଦେହଗୋଟାକ ତା'ର
ହୃଦୟ ବି ଜଳେ ନିଭେ
ଠୋପାକ ଲୁହରେ
ଦି' ଆଖି ଟଳମଳ
କ'ଣ କହିବ କହିବ ହୁଏ ସେ
ନ କହିବ ନ କହିବ ଭାବେ
ଜାଗାଟିକେ ଖୋଜେ
ଆଉଜି ପଡ଼ିବ ବୋଲି ମୁହୂର୍ତ୍ତେ!

ରେରେକାର, ଗୁଳି, ବୋମା, ବାରୁଦ
ଛିନ୍‌ଭିନ୍ ରାସ୍ତାଘାଟ, ବଜାର
ପାଣି ମୁନ୍ଦିଏ ନାହିଁ କୋଉଠି
ରକ୍ତ ଖାଲି ରକ୍ତ ଚାରିଆଡ଼।
ରାତିଅଧରେ କାଲି
ସେ କାଳେ ଓହ୍ଲାଇଥିଲା
ଘୂରିଥିଲା ମହାନଗରୀ,
ରାସ୍ତାକଡ଼େ ଜାକିଜୁକି ଶୋଇଥିବା
ଲଙ୍ଗଳା ଛୁଆଙ୍କୁ
କୁହୁଡ଼ିବର୍ଷାରୁ
ଆଡୁଆଳ କରିଥିଲା ସେ, ଡେଣା ମେଲି।

ପରୀ, ପରୀ, ମୁଁ ତା'ର ହାତ ଧରିଲି
ଆସ, ମୋ ଘରେ ଭାତ ଅଛି, ପାଣି ଅଛି
ଅଛି ବି ଖଟ, ମଶାରି
ମୋଡ଼ିମାଡ଼ି ଅଲଗା ଦିଶିଲା ତା'ର ମୁହଁ
କଠୋର ଅବଜ୍ଞାରେ
ଦିଶିଯାଏ ଯେପରି।

ନିଦ କାହିଁ ସ୍ୱପ୍ନ କାହିଁ ତୁମର ?
ସବୁତ କହିଲ ମୋ'ର ମୋ'ର
ମୋର ବଡ଼ ଦୁର୍ଗୁଣ, ଜାଣ,
ମୁଁ ଭାରି ସରଳ
ଯେ ହୀରାର ସାଜ ଦେଖୁଚ ଯେ
କିଛି ନୁହଁ, ବାହାରର -
କାହାର ମୁହଁ ଶୁଖିଯାଇଚି ଦେଖିଲେ
ଛାତି ଫାଟିଯାଏ ମୋ'ର।

ଅଣନିଃଶ୍ୱାସୀ ଯେ ଘୋଡ଼ାଦୌଡ଼

ଫୁଲ କାହିଁ, ବାସ୍ନା କାହିଁ
ପବନରେ ନିଆଁଝୁଲ
ତୁମେ ବି ଖଣ୍ଡ ଖଣ୍ଡ ଅବଶୋଷରେ
ସଜେଇଦେଲଣି
ତୁମ ଦାଣ୍ଡଦୁଆର।
ଛାଡ଼, ମୁଁ ଏଯାଏଁ ଏଥର।

କବି ଡକ୍ଟର ପ୍ରତିଭା ଶତପଥୀଙ୍କ କୃତି ଓ କୃତିତ୍ୱ

ବି-୩/୨, ଚନ୍ଦ୍ରମା କମ୍ପ୍ଲେକ୍ସ, ଖାରବେଳ ନଗର, ୟୁନିଟ୍-୩, ଭୁବନେଶ୍ୱର-୧

ଜନ୍ମ: ୧୯୪୫, ନଭେମ୍ବର ୨୭ ତାରିଖ

କୃତି

କାବ୍ୟ କବିତା:

୧. ଅସ୍ତ ଜହ୍ନର ଏଲିଜି (୧୯୬୯)
୨. ଗ୍ରସ୍ତ ସମୟ (୧୯୭୪)
୩. ସାହାଡା ସୁନ୍ଦରୀ (୧୯୭୮)
୪. ନିୟତ ବସୁଧା (୧୯୮୦)
୫. ନିମିଷେ ଅକ୍ଷର (୧୯୮୫) - ଓଡ଼ିଶା ସାହିତ୍ୟ ଏକାଡେମୀ ପୁରସ୍କାର ପ୍ରାପ୍ତ ସଂକଳନ ୧୯୮୬।
୬. ମହାମେଘ (୧୯୮୮)
୭. ଶବରୀ (୧୯୯୧) - ଇମ୍ପା ଶିଳ୍ପଗୋଷ୍ଠୀ ପ୍ରଦତ୍ତ ଶାରଳା ପୁରସ୍କାର ପ୍ରାପ୍ତ, ୧୯୯୨
୮. ତନ୍ମୟ ଧୂଳି (୧୯୯୬) - କେନ୍ଦ୍ର ସାହିତ୍ୟ ଏକାଡେମୀ ପୁରସ୍କାର ପ୍ରାପ୍ତ, ୨୦୦୧
୯. ଅଧା ଅଧା ନକ୍ଷତ୍ର (୨୦୦୧) - କଟକର ଏନ୍.ଏନ୍.ଥିରୁମଲାମ୍ବା ଜାତୀୟ ପୁରସ୍କାର ପ୍ରାପ୍ତ, ୨୦୦୧
୧୦. କହି ନ ହେଲେ (୨୦୦୬)
୧୧. ତୁମ ପାଇଁ ଥରେ, ସବୁଥର... (୨୦୧୧)
୧୨. ଜବାକୁସୁମ ସଂକାଶଂ
୧୩. ଅଜରାମର

ନିବନ୍ଧ/ପ୍ରବନ୍ଧ/ରମ୍ୟଗଳ୍ପ/ଭ୍ରମଣକାହାଣୀ/ଜୀବନୀ/ଆତ୍ମ ଜୀବନୀ ସମାଲୋଚନା:
୧. କଳ୍ପନାର ଅଭିଷେକ (୧୯୮୦, ୧୯୯୮)
୨. ସ୍ପନ୍ଦନର ଭୂମି (୧୯୯୩)
୩. ପ୍ରତିଫଳନ (୧୯୯୩)
୪. ଉତ୍ତର ଆଧୁନିକ ଓଡ଼ିଆ କବିତା ଓ ଅନ୍ୟାନ୍ୟ ପ୍ରବନ୍ଧ (୧୯୯୯, ୨୦୦୬) (ଭାରତୀୟ ସମାଲୋଚନ ମଣ୍ଡଳୀ ପୁରସ୍କାର ପ୍ରାପ୍ତ)
୫. ଭାରତ ମାତାର ଲୁହ (୨୦୦୨)
୬. ବର୍ଣ୍ଣିଳ ଭୋଗପୁର... (୨୦୦୪)
୭. ସ୍ୱର୍ଗତା ସରଳାଦେବୀଙ୍କ ଜୀବନୀ (୨୦୦୮) ଏନ୍.ବି.ଟି. ଦ୍ୱାରା ପ୍ରକାଶିତ
୮. ଶୈଶବରୁ ସଂସାର (ଆତ୍ମକଥା) (୨୦୦୮)
୯. ନାରୀ ଅସ୍ତିତ୍ୱର ବାସ୍ତବତା : ବିବର୍ତ୍ତିତ ଓଡ଼ିଆ କବିତା (୨୦୦୯)

ଅନୁବାଦ:

ପ୍ରତିଭା କବିତା-ଉତ୍ସବ (ପ୍ରଥମ ଭାଗ) = ୪୯୪
୧. ଅରଣା ସ୍ୱପ୍ନର ରାତି (ନୋବାଲେ ପ୍ରାପ୍ତ ପର୍ଲବକ୍ଙ୍କ ଉପନ୍ୟାସ)
୨. କ୍ରୀତଦାସ (ନୋବେଲ ପ୍ରାପ୍ତ ଆଇଜାକ୍ ସିଂଗରଙ୍କ ଉପନ୍ୟାସ)
୩. ସାହସର ଶିଖା (ଚିଂଘିଜ୍ ଆଇତ୍‌ମାତଭଙ୍କ ଉପନ୍ୟାସ)
୪. ନଗର ମନ୍ଥନ (ଡୋଗ୍ରୀ ଉପନ୍ୟାସ, 'ସାରଥୀ'ଙ୍କର) କେନ୍ଦ୍ର ସାହିତ୍ୟ ଏକାଡେମୀ ଆନୁକୂଲ୍ୟରେ
୫. କହ୍ଲଣ ଚରିତ (କାଶ୍ମୀର ମନୋଗ୍ରାଫ୍) କେନ୍ଦ୍ର ସାହିତ୍ୟ ଏକାଡେମୀ ଆନୁକୂଲ୍ୟରେ
୬. ଭିନ୍ନଦେଶୀର ମୁହଁ (ଲାଟ୍‌ଭିଆନ କବିତାର ଅନୁବାଦ)
୭. ସୁବ୍ରମଣ୍ୟ ଭାରତୀ (ଏନ୍.ବି.ଟି. ଆନୁକୂଲ୍ୟରେ)

ସଂପାଦନା:

ରୁଚିପୂର୍ଣ୍ଣ, ଅଭିନବ କବିତା ପତ୍ରିକା 'ଉଦ୍‌ଭାସ'ର ୨୦୦୩ ଠାରୁ ନିୟମିତ ସଂପାଦନା

କୃତିତ୍ୱ

୧. ପ୍ରଜାତନ୍ତ୍ର ଯୁବ କବି ପୁରସ୍କାର (୧୯୬୨)

୨. ବିଷୁବ କବିତା ପୁରସ୍କାର (୧୯୮୧)
୩. ରାଜ୍ୟ ସାହିତ୍ୟ ଏକାଡେମୀ ପୁରସ୍କାର (୧୯୮୬)
୪. କେନ୍ଦ୍ର ସାହିତ୍ୟ ଏକାଡେମୀ ପୁରସ୍କାର (୨୦୦୧)
୫. କର୍ଣ୍ଣାଟକର ଏନ୍.ଏଚ୍. ଥିଲୁମଲାମ୍ମା ପୁରସ୍କାର (୨୦୦୧)(ରାଷ୍ଟ୍ରୀୟ)
୬. କ୍ରିଟିକ୍ ସର୍କଲ ଇଣ୍ଡିଆ ପୁରସ୍କାର (୧୯୯୬)
୭. S.B.I କବିତା ପୁରସ୍କାର
୮. SAIL କବିତା ପୁରସ୍କାର
୯. J.K.Paper କବିତା ପୁରସ୍କାର
୧୦. ଭୁବନେଶ୍ୱର ପୁସ୍ତକମେଳା ପୁରସ୍କାର
୧୧. କବି ସୁଭଦ୍ରା କୁମାରୀ ଚୌହାନ କବିତା ସମ୍ମାନ (୨୦୦୭) (ରାଷ୍ଟ୍ରୀୟ) (ଜାତୀୟ ହିନ୍ଦୀ ଏକାଡେମୀ, କଲିକତା ଓ H.R.D ବିଭାଗ ନୂଆଦିଲ୍ଲୀର ମିଳିତ ଆନୁକୂଲ୍ୟରେ)
୧୨. ଉତ୍କଳ ସୂର୍ଯ୍ୟ ସମ୍ମାନ - ଏ.ଆର.ଏଫ୍. ତରଫରୁ (୨୦୦୮)
୧୩. କବି ସଚ୍ଚି ରାଉତରାୟ କବିତା ସମ୍ମାନ ୨୦୦୮ - ଖୋର୍ଦ୍ଧା ଲୋକଉତ୍ସବ ତରଫରୁ
୧୪. ସାହିତ୍ୟ ପୃଥିବୀ ପୁରସ୍କାର ୨୦୧୧
୧୫. ସାହିତ୍ୟ ଭାରତୀ ପୁରସ୍କାର
୧୬. ନାଲ୍କୋ ପ୍ରତିଷ୍ଠା ଦିବସ ପୁରସ୍କାର
୧୭. ରାଷ୍ଟ୍ରୀୟ କବୀର ସମ୍ମାନ
୧୮. ଭୂମିପୁତ୍ର ବିଜୁ ପଟ୍ଟନାୟକ ଶାନ୍ତି ପୁରସ୍କାର, ନୂଆଦିଲ୍ଲୀ ବହୁ ସାରସ୍ୱତ ଅନୁଷ୍ଠାନ ତରଫରୁ ସଂବର୍ଦ୍ଧନା

ଇଂରାଜୀ ଓ ଭାରତୀୟ ଭାଷାରେ ପ୍ରକାଶିତ କବିତା ଗ୍ରନ୍ଥ:

୧. ସମୟ ନହିଁ ହୈ: ଚୁନୀହୁଇ କବିତାୟେଁ - ଅନୁବାଦ: ଶ୍ରୀନିବାସ ଉଦଗାତା ୧୯୯୪ ରାଧାକୃଷ୍ଣ ପ୍ରକାଶନ, ନୂଆଦିଲ୍ଲୀ
୨. ଶବରୀ, ଅନୁବାଦ: ଶ୍ରୀନିବାସ ଉଦଗାତା, ୧୯୯୬, ବାଣୀ ପ୍ରକାଶନ, ନୂଆଦିଲ୍ଲୀ
୩. ଅଧା ଅଧା ନକ୍ଷତ୍ର - ଅନୁବାଦ: ଡଃ. ରାଜେନ୍ଦ୍ର ପ୍ରସାଦ ମିଶ୍ର, ୨୦୦୨, ମେଧାବୁକ୍ସ, ନୂଆଦିଲ୍ଲୀ

୪. ତନ୍ମୟ ଧୂଳି - ଅନୁବାଦ: ଡଃ ରାଜେନ୍ଦ୍ର ପ୍ରସାଦ ମିଶ୍ର, ୨୦୦୪, କେନ୍ଦ୍ର ସାହିତ୍ୟ ଏକାଡେମୀ, ନୂଆଦିଲ୍ଲୀ ପ୍ରକାଶନ
5. A Time of Rising: Translation: Jayanta Mohapatra, Publisher: Har-Ananda Publication, New Delhi.
6. Enchanted Dust: Translation: R.P.Samal, Central Sahitya Academy, New Delhi.
7. If Left Unsaid and other Poems-2010, Grass roots Publication, Bhubaneswar, Translation: Mrs. C. N. Swamy, Rtd. I.A.S.
8. Dhoor Kamni (Punjab): Translation:Dr. Banita, Central Sahitya Academy, NewDelhi.
9. Magan Dhuli (Rajsthani): Translation: Sri Atul Kumar Sharma, Central Sahitya Academy, New Delhi.
10. Tanmaya Dhulee (Telugu): Translation: Prof. N. Gopi, Central Sahitya Academy, New Delhi.
11. Vasikk arikkum Dhoosi (Tamil): Tr, by Mrs. Madhumita, Central Sahitya Academy, New Delhi.
12. Masmara Dhuli (Malayalam): 2012 - Translation: Attor Ravi Verma, Publication Sahitya Akademi, Chennai.

ସାନ୍ତାଳୀ, ବଙ୍ଗଳା, ମରାଠି, ଗୁଜୁରାଟୀ, କୋଂକଣୀ ପ୍ରମୁଖ ୧୪ଗୋଟି ଆଞ୍ଚଳିକ ଭାଷାରେ କେନ୍ଦ୍ର ସାହିତ୍ୟ ଏକାଡେମୀ ତରଫରୁ ଅନୂଦିତ ହୋଇ 'ତନ୍ମୟ ଧୂଳି' ପ୍ରକାଶିତ ହୋଇଛି ।

ବିଶେଷ ପରିଚିତି

ପ୍ରଫେସର ଡକ୍ଟର ପ୍ରତିଭା ଶତପଥୀ

ୟୁ.ଜି.ସି ତଥା ଜାତୀୟ/ ଆନ୍ତର୍ଜାତୀୟ ସାହିତ୍ୟାନୁଷ୍ଠାନ ମାନଙ୍କରେ ସଦସ୍ୟତା ଓ ବିଚାରକମଣ୍ଡଳୀରେ ସଭ୍ୟା

୧. ୟୁ.ଜି.ସି. ବିଚାରମଣ୍ଡଳୀ ସଦସ୍ୟା - ପ୍ରଫେସର ଏମିରଟ୍‌ସ ଆୱାର୍ଡ
୨. ୟ.ଜି.ସି. ପୂର୍ବାଞ୍ଚଳ ରୌପ୍ୟ ଜୟନ୍ତୀ ସମାରୋହର କାର୍ଯ୍ୟକାରୀ ସମିତି ସଦସ୍ୟା
୩. ୟୁ.ଜି.ସି. ସଦସ୍ୟା
୪. ସଦସ୍ୟା ଓଡ଼ିଶା ସାହିତ୍ୟ ଏକାଡେମୀ ସାଧାରଣ ପରିଷଦ
୫. ସଦସ୍ୟା ଉତ୍କଳ ସାହିତ୍ୟ ସମାଜ, କଟକ

୬. ସଦସ୍ୟା ଲେଖକ ସମବାୟ ସଂସ୍ଥା, ଭୁବନେଶ୍ୱର
୭. ସଦସ୍ୟା ଲେଖିକା ସଂସଦ
୮. ସଦସ୍ୟା ସହୃଦୟ ସଭା, ନୂଆଦିଲ୍ଲୀ
୯. ସଦସ୍ୟା ଜାତୀୟ ପୁରସ୍କାର ନ୍ୟାସର ଭାଷା ପରାମର୍ଶଦାତା ସମିତି
୧୦. ବିଚାରକ ମଣ୍ଡଳୀ ସଦସ୍ୟା - ଓଡ଼ିଶା ସାହିତ୍ୟ ଏକାଡେମୀ ପୁରସ୍କାର
୧୧. ବିଚାରକ ମଣ୍ଡଳୀ ସଦସ୍ୟା - କେନ୍ଦ୍ର ସାହିତ୍ୟ ଏକାଡେମୀ ପୁରସ୍କାର
୧୨. ବିଚାରକ ମଣ୍ଡଳୀ ସଦସ୍ୟ - ବିଷୁବ ପୁରସ୍କାର
୧୩. ବିଚାର ମଣ୍ଡଳୀ ସଦସ୍ୟା - କବି ଗଙ୍ଗାଧର ମେହେର ଜାତୀୟ କବିତା ପୁରସ୍କାର
୧୪. ବିଚାରକ ମଣ୍ଡଳୀ ସଦସ୍ୟା - ଇମ୍ପା ଶିଳ୍ପଗୋଷ୍ଠୀ ପ୍ରଦତ୍ତ ଶାରଳା ପୁରସ୍କାର
୧୫. ଆମେରିକାର ନ୍ୟୁଜର୍ସି ଠାରେ ଅନୁଷ୍ଠିତ ଓ.ସା. ବାର୍ଷିକ ସମ୍ମିଳନୀରେ କବିତା ସଂପାନରେ କି.ନୋଟ୍ (ମୂଳ) ବକ୍ତବ୍ୟ ପ୍ରଦାନ।
୧୬. ମରିସସ୍ ଠାରେ ହିନ୍ଦୀଭାଷା କେନ୍ଦ୍ର ଓ ଭାରତୀୟ ଭାଷା ୟୁନିଭର୍ସିଟି ଠାରେ କବିତା ଉତ୍ସବରେ ଅଧ୍ୟକ୍ଷତା ଓ କବିତାପାଠ।
୧୬. ରାଜ୍ୟ ଓ ଜାତୀୟ ସ୍ତରରେ ଅନେକ କଚିତା ଉତ୍ସବ ଓ ଅଧିବେଶନମାନଙ୍କରେ ଅଧ୍ୟକ୍ଷତା ଓ କବିତା ପାଠ।

■

BLACK EAGLE BOOKS

www.blackeaglebooks.org
info@blackeaglebooks.org

Black Eagle Books, an independent publisher, was founded as a nonprofit organization in April, 2019. It is our mission to connect and engage the Indian diaspora and the world at large with the best of works of world literature published on a collaborative platform, with special emphasis on foregrounding Contemporary Classics and New Writing.

www.ingramcontent.com/pod-product-compliance
Lightning Source LLC
Chambersburg PA
CBHW060613080526
44585CB00013B/815
9781645604846